让你更聪明的课程

李树 王双燕 著

天地尺规学习法
在历史学科的妙用

中国文联出版社

图书在版编目（CIP）数据

让你更聪明的课程：天地尺规学习法在历史学科的妙用 / 李树，王双燕著. — 北京：中国文联出版社，2021.11

ISBN 978-7-5190-4678-1

Ⅰ. ①让… Ⅱ. ①李… ②王… Ⅲ. ①中学历史课—教学研究—初中 Ⅳ. ①G633.512

中国版本图书馆CIP数据核字（2021）第220865号

著　　者	李　树　王双燕
责任编辑	刘　旭
责任校对	刘　丽
装帧设计	刘贝贝　李　娜

出版发行	中国文联出版社有限公司
社　　址	北京市朝阳区农展馆南里10号　　邮编　100125
电　　话	010-85923025（发行部）　010-85923091（总编室）
经　　销	全国新华书店等
印　　刷	北京米乐印刷有限公司
开　　本	710毫米×1000毫米　　1/16
印　　张	9
字　　数	162千字
版　　次	2022年4月第1版第1次印刷
定　　价	45.00元

目 录

第七模块
数据驱动分析云思维工具的应用对学习效果的影响 ………… 130

第一模块
天地尺规学习法的简介

一、云思维工具的理论依据

天地尺规学习法指的是用云思维工具——天盘地盘、尺规学习工具帮助我们关注事物之间的关联，通过恰当的编织方式将事物的要素关联起来，呈现事物之间的联系。云思维工具帮助我们以居高临下的姿势，统筹全局的眼光找到事物形成的过程。云思维工具不仅帮助我们提升思维，了解事物的来龙去脉，还可以使我们由"棋子"转变为"下棋人"，根据自己需要调整要素的组合方式，从而创造自己的解决问题的方式方法。比如，我们借助尺规工具看书，可以清晰了解书的形成过程，作者的编书思路，章节之间的要素关联一目了然，看完后，我们还发现，如果我们要写一本书行不行？我相信我们也具备了这样的思维——作者的思维，其实就是在天地尺规学习法的指导下，我们站的高度更高了，思维的宽度与广度也不一样了，加上我们有平时的积累，我们由读者向作者转变不是难事。天地尺规学习法是一种转变传统思维，提升思维的方法，云思维工具是一种帮助我们梳理思维，打开思维的工具。云思维工具包括天地盘、全系统思维盘、双金字塔、规律转化器、三门系统等。云思维工具所依托的理论依据如下：

1. 思维科学

钱学森思维科学模型

我国著名科学家钱学森先生在20世纪70年代，以"人自己能加以控制的思维"为研究对象，创建了思维科学模型。在这个思维科学模型中，钱学森将思维科学分为四类：逻辑思维、形象思维、创造思维和社会思维。目前我们人类在逻辑思维研究中取得了比较丰硕的成果，像计算机技术、软件技术都是逻辑思维的直接体现，但也认为人的形象思维，目前还没有形成科学理论和体系（目前模式识别、人工智能等学科，大都仍然在逻辑思维框架下进行研究），更别说以逻辑思维和形象思维为手段的创造思维了。

所以，运用云思维学习工具，就是在综合使用逻辑思维和形象思维，从而让进一步激发创造思维成为可能。

下面以天盘的绘制为例，简单地剖析一下天地学习法的思维过程：

① 需要明确主题，确定需要研究的主要对象和内容。

② 给出事物整体性的结构化描述，即主要节点（如要点1、要点2和要点3）及各节点之间的逻辑关系。

③ 进一步详细分析每一个主节点所包含的次级要点和逻辑关系，进而逐级进行分析（如节点2可分为2.1，2.2，2.3……，而节点2.1又可以细分为2.1.1到2.1.4等）。

④ 在要点逐级分解过程中，需要充分思考，是否具备体系结构的完备性，确定其表现形式是否为开环（如节点2.1到节点2.5的开环循环）或闭环（如节点1.1和节点1.2的闭环循环），同时还需要思索各要点之间的联系以及原有结构的不足和缺陷，进而能够激发新的探索和研究。

对应上述步骤，需要完成以下思维过程：A.问题聚焦，将人散乱的意识活动进行聚焦，提高大脑的专注力；B.问题的主结构分解和次级分解，充分启动大脑的逻辑思维功能；C.绘制天盘时用线条、圆圈、箭头、开闭环等形式，充分调动大脑的形象思维功能；D.在绘制过程中，由于需要对每个节点进行完备性的思考，所以人的大脑会进一步有意识地搜索、梳理原本零乱、无序的信息，进行对未知的探索，增添新的内容，甚至对原有结构进行重构。这就是在逻辑思维和形象思维的基础上启发出创造思维的过程。

如果继续按照钱学森的思维科学模型推演：由于个体之间存在思维差异，通常都有盲点和偏颇，而一个具有创造思维的群体可以取长补短、相互启发，从而使得创造思维在多个个体之间发生"核裂变"反应，这样可以激发出具有群体智慧的社会思维来。

所以，云思维学习工具非常契合钱学森创建的思维科学模型，它具有抽象思维和形象思维并重，激发人的创造思维的特点，同时，小组合作学习的组织模式为进一步激发群体智慧创造了条件。

2. 脑科学

美国心理生物学家斯佩里博士（Roger Wolcott Sperry，1913.8.20—1994.4.17）通过著名的割裂脑实验，证实了大脑不对称性的"左右脑分工理论"，他因此荣获1981年的诺贝尔生理学或医学奖。

科学证实，正常人的大脑有两个半球，由胼胝体连接沟通，构成一个完整的统一体。在正常的情况下，大脑是作为一个整体来工作的，来自外界的信息，经胼胝体传递，左右两个半球的信息可在瞬间进行交流（每秒10亿位元），所以人的每种活动都是两个半球信息交换和综合的结果。大脑两个半球在机能上有分工，左半球感受并控制右边的身体，右半球感受并控制左边的身体。

从脑科学的研究成果看，人的左脑主要从事逻辑思维，右脑主要从事形象思维。与钱学森思维科学模型不谋而合的是，脑科学的研究成果同样强调了形象思维的重要性，也认为形象思维是创造力的源泉，右脑是艺术和经验学习的中枢，大脑潜能的开发重在右脑的开发。

由此可知，云思维学习工具的图形思维工具可以不断地刺激，进而激活右脑的图形化感知能力，充分促进人的全脑工作能力，极大激发人的思维能力和创造力。

3. 系统科学

系统科学由生物学家贝塔朗菲在20世纪四五十年代创立，他的代表性专著《一般系统论》是该领域的奠基性著作。系统论的核心思想是系统的整体观念。贝塔朗菲认为，任何事物都是一个有机的整体，不是各个部分机械地组合或简单地相加。而且系统中各个要素不是孤立地存在着，如果把要素从系统整体中割离出来的话，它将失去要素的作用。所以一般系统论注重对事物整体性的研究，强调了"整体大于部分之和"（亚里士多德）、"一般系统论是对整体和整体性的科学探索"（《一般系统论基础发展和应用》）等整体的重要性，是对长期以来主导西方哲学、科学的"还原论"研究方法的一次重要发展（还原论认为事物都可以分解成若干"部分"，通过研究"部分"来了解其本质）。

钱学森继承了贝塔朗菲的一般系统论的基本思想，同时他又把他的研究对象做了进一步扩展，即扩展为以整体与部分的关系为研究对象的理论。在21世纪70年代末，钱学森就提出："我们所提倡的系统论，既不是整体论，也不是还原论，而是整体论与还原论的统一。"他在《创建系统学》中提出："系统科学是从事物的整体与部分、全局与局部以及层次关系的角度来研究客观世界的。""根据系统结构的复杂程度，可以将系统分为简单系统、简单巨系统、复杂系统和复杂巨系统、特殊复杂巨系统，对于复杂系统、复杂巨系统的研究是系统科学的核心问题。"

20世纪80年代末至90年代初，钱学森又提出"以人为主，人机结合，从定性到定量的综合集成方法"，形成一套可以操作的行之有效的方法体系和实践方式。由此可见，钱学森将辩证统一的思想引入了一般系统论，使它真正成为辩证系统论，或者叫现代系统论。在有关系统科学和系统工程的研究和实践中，钱学森也都强调把整体与部分结合起来解决问题的思想，对我国的社会主义现代化建设实践起到了巨大的推动作用。

云思维学习工具以几种图形化思维工具为基础，提出了在整体框架上去探索和增添细节，在细节研究中丰富和重构整体的学习和研究方法，这种方式不仅天然就秉承了现代系统论中整体与部分辩证结合的研究方法，而且在具体工具上也是系统科学研究成果的进一步发展。

4. 学习理论

学习理论属于教育学和教育心理学领域，是探究人类学习的本质及其形成机制的一门学科，它重点研究学习的性质、过程、动机、方法和策略等。

"学习金字塔"理论是一种被广泛接受的学习理论，最早由美国学者埃德加·戴尔（Edgar Dale）在1946年提出，以语言学习为例，在初次学习两个星期后得到如下统计结论：阅读能够记住学习内容的10%；聆听能够记住学习内容的20%；看图能够记住30%；看影像、看展览、看演示，现场观摩能够记住50%；参与讨论、发言能够记住70%；做报告、给别人讲、亲身体验、动手做能够记住90%。埃德加·戴尔提出，学习效果在30%以下的几种传统方式，都是被动学习或个人学习；而学习效果在50%以上的，都是主动学习、参与式学习和团队学习为主。

在塔尖上，第一种学习方式——"听讲"，也就是老师在上面说，学生在下面听，这种是我们最熟悉最常用的方式，学习的效果却是最差的，两周以后，学习的内容只能留下5%。第二种学习方式，通过"阅读"方式学到的内容，可以保留10%。第三种学习方式，用"声音、图片"的方式学习，可以达到20%。第四种学习方式，是"示范"，采用这种学习方式，可以记住30%。第五种学习方式，"小组讨论"，可以记住50%的内容。第六种学习方式，"做中学"或"实际演练"，可以达到75%。最后一种是在金字塔基座位置的学习方式，是"教别人"或者"马上应用"，可以记住90%的学习内容。

由此可见，提高自主学习能力、养成主动学习习惯是提高学习者学习效率的重要手段，在这一点上，云思维学习工具给学习者提供了便于自主学习的思维工具。同时需要指出的是，云思维学习工具特别强调学习者应该主动实践，自主完成天盘、地盘、尺规图等的制作，因为在这个过程中，学习者获取的不仅仅是知识，同时也在训练着自身的（逻辑和形象）思维能力，这种思维能力的训练，实际上是在提高学习者学习和驾驭知识的能力，甚至比学会知识本身更加重要。进一步地，云思维学习工具所倡导的小组合作学习方式将进一步创造团队的学习模式，通过小组成员之间进行相互交流、讨论与讲解，将大大提高学习效率。

5. 管理学

学习型组织的创始人美国麻省理工学院的彼得·圣结（Peter M. Senge），被系统动力学整体动态搭配的管理新理念所吸引，开始与同伴着力研究"学习型组织"理论。1992年，其著作《第五项修炼——学习型组织的艺术与务实》一书获得世界企业联合会（World Business Academy）的最高荣誉开拓奖（Pathfinder Award）。"学习型组织"理论迅速得到了世界各国政界和企业界的广泛重视，并在发达国家得到迅速发展和广泛应用。其核心要点在于自我超越、改善心智模式、建立共同愿景、团队学习、系统思考五项修炼内容。五项修炼是一个整体，是相辅相成的。团队学习和改善心智模式两项修炼是基础，自我超越和建立共同愿景两项修炼是向上张力，第五项修炼——系统思考是核心。前四项修炼都离不开系统思考，离不开整体、动态发展、本质地系统思考。

天地学习法、尺规学习法等思维可视化学习工具即云思维学习工具，有着非常强的科学性，多个领域的科学研究成果都可以证明云思维学习工具的有效性。从思维科学的角度讲，云思维学习工具同时锻炼人的抽象思维和形象思维，能在无形中激发人的创造思维。从脑科学的研究成果看，右脑是艺术和经验学习的中枢，大脑潜能的开发重在右脑的开发。云思维学习工具的图形思维工具可以不断地刺激、进而激活右脑的图形化感知能力，充分促进人的全脑工作能力，极大激发人的思维能力和创造力。从系统科学的角度看，云思维学习工具在本质上具备系统科学原理，是系统、全面、整体观察事物、看待事物、了解事物原貌的有力工具体系。从教育学的角度上讲，云思维学习工具倡导实践式的主动学习模式，要求学习者在"做中学""实际演练"，通过主动学习、主动思考的方式让学习者完成学习过程，而且当辅助团队学习时，学习效率将进一步提高。在管理学中，云思维学习工具是进行系统学习的一个便利工具，贴合"系统化、整体化、动态化"的思维模式，通过团队学习方式可以达到自我超越、改善心智、建构共同愿景的最终目标。

二、天地学习法的初步介绍

天地学习法包括天盘、地盘。

（一）天盘简介

天盘就像手术刀一样，通过画天盘，我们可以把事物的内涵逐一展示出来，把它的骨架、要点，它的枝节、支脉、脉络一一呈现。天盘是探索未知，寻找未知规律非常有效的一个工具。

下面以绘制主题天盘——"天地学习法"为例（如图1-1所示），简明扼要地陈述天盘绘制的过程：

① 首先需要确定主题。因此提炼出主题的关键词"天地学习法"。

② 给出事物整体性的结构化描述，即第一层级（要点1：现代化的观念；要点2：现代化工具；要点3：现代化应用；要点4：现代化素质教育；要点5：跟我学画天地盘）。

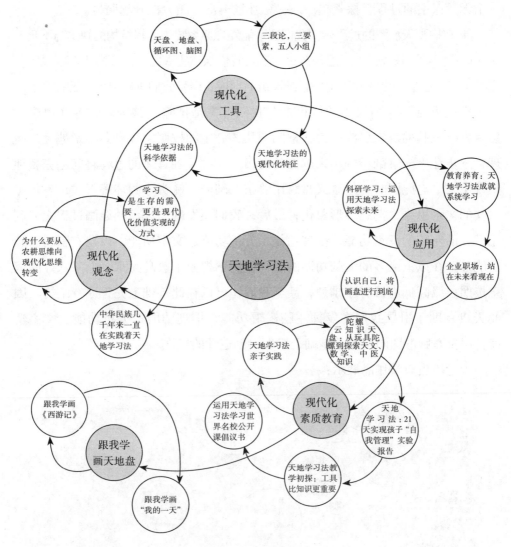

图1-1　天盘示例

③ 然后再在每个层级下面逐步深入分析，把逻辑关系具体化，思维的层级细微清晰化（比如"现代化的观念"为第一层级关键词，可以梳理出第二层级的内容："为什么要从农耕思维向现代化思维转变""学习是生存的需要，是现代化实现的方式""中华儿女几千年来一直在实践天地学习法"……），下一层级与上一层级之间是包含与被包含的关系，逻辑关系清晰。如果要继续剖析，还可以在第二层级下继续细化第三层级、第四层级……这个梳理的过程是

一个无尽探索的过程。探索越深入，思维越丰富，能力提升越明显。

④ 在构画天盘图的过程中，我们还可能发现原系统中逻辑结构的缺陷与不足，从而让我们对原系统进行反思与改进，激发我们从"主人翁"的姿态去俯视系统、完善系统，这是一个更高级别的思维层级的形成，激发我们进行更深入的探究。

由此可见，绘画天盘的过程中，我们首先是排除大脑杂念，专注思维，然后发挥大脑的逻辑思维能力，把问题从核心主题按照层级有条不紊地逐步梳理，逐步往下分解剖析到越来越低的层级，从抽象到具体的过程将问题完整地呈现出来。与此同时，绘制天盘时用线条、圆圈、箭头、圆环等形式，发挥了右脑的艺术思维，把思维形象化；最后，我们还发现，天盘的绘画过程充分利用了人的左脑的逻辑功能、推理功能、分析功能、文字功能，以及右脑的图画功能等，在以上诸多的大脑功能的综合作用下把原本散乱无章、七零八碎的信息按照层级高低进行有序排列，甚至我们还可以在此基础上完善原有结构。因此天盘有助于引导我们在发挥左脑逻辑功能、推理功能、分析功能、文字功能，以及右脑的图画功能的基础上启发出创造性的思维。

天盘历史教学作品展示：

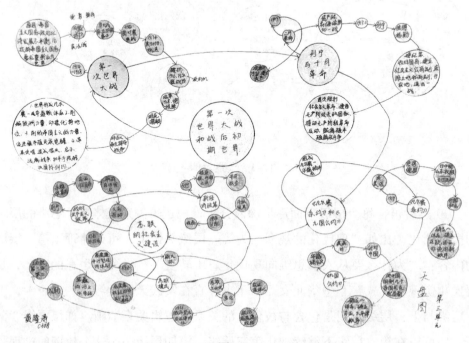

图1-2

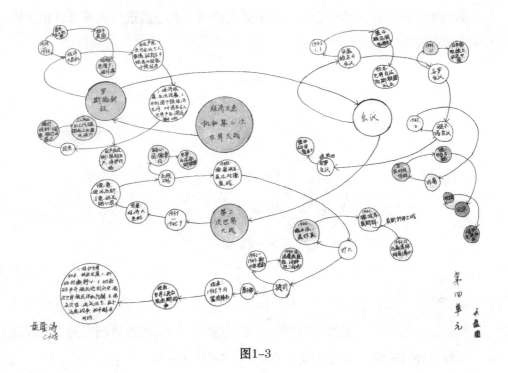

图1-3

（二）地盘简介

　　地盘和天盘一样非常简单，但是它与天盘不同。地盘是静态的，非常方便我们的记忆和应用，与天盘配合在一起使用能够起到非常好的效果。

　　可以说，地盘是天盘的一种投影，是对天盘的思考，思考后进行一种归纳，便于记忆和应用。如果说天盘是一个解剖、探索、找规律的过程，那么地盘就是对天盘进行思考、总结、归纳的过程。

　　接下来介绍一下什么是地盘学习方法。

　　地盘和天盘同样非常简单，通常两者也是配合使用的。那么地盘也有独特之处，它从形态上是一个静止的圆形，更加适合归纳与总结。

图1-4

　　第一步，在白纸的中心画一个中心圆圈，在圆圈内填入"天地学习法"，如图1-4所示。

第二步，在中心圆的外边再画一个更大的圆，并将圆进行五等分，依次填入相关的内容如图1-5所示。

图1-5

第三步，再在第二圈的外边画一个更大的圆，将第二步所画出的等分线延长，这样最外边的圆圈也被分为五等分了，如图1-6所示。

图1-6

第四步，在"现代化观念"所延伸出的扇形中，按照主要内容进行等分，如图1-7所示，将"现代化观念"分为三等分，并依次将理论篇的内容填入扇形中。

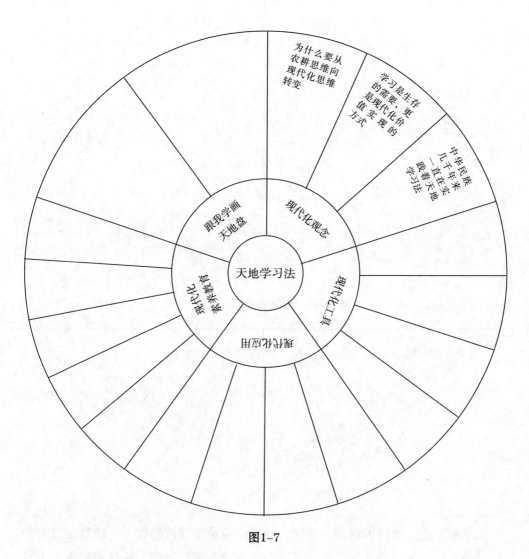

图1-7

第五步，仿照"现代化观念"，依次将对应的扇形进行等分并填入相关内容，如图1-8所示。

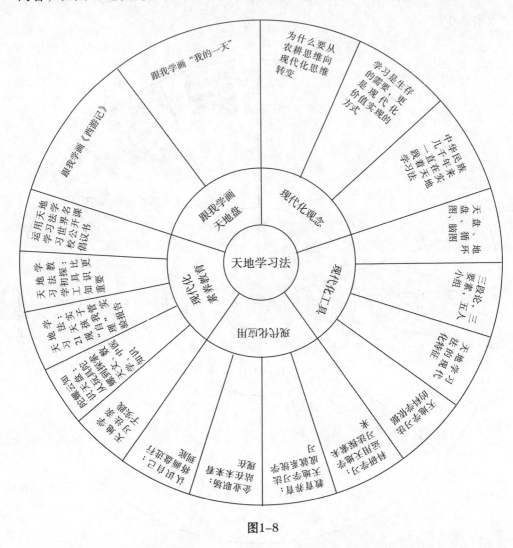

图1-8

总而言之，如果天盘是一棵树，地盘就像是这棵树的影子，地盘是对天盘的归纳总结，天盘发挥无限探索、研究、追寻真理的过程，地盘则发挥对天盘的探索研究、追寻后的总结归纳的结果。

地盘历史教学作品展示：

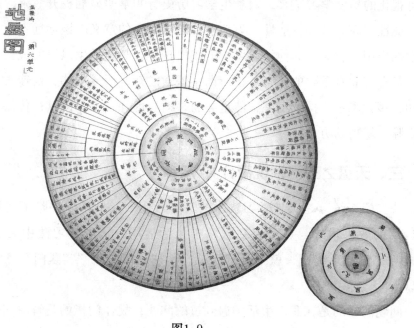

图1-9

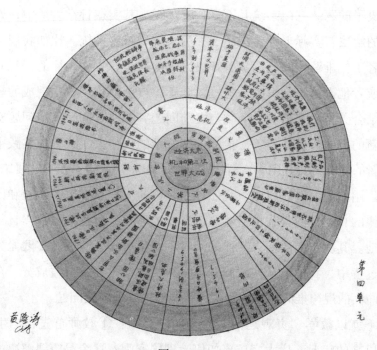

图1-10

21世纪是互联网时代，在以往思维导图的基础上，天地学习法作为一种思维可视化的新型学习工具，对学生学习历史有非常明显的提升效果，具有很强的便捷性、高效性和创造性。天地学习法对学生的意义应该远远不止于历史教学中的应用，它对于其他学科思维方式的转变，甚至学生以后的成长、工作和学习都有着非常重要的意义。正所谓：探索已知，形成规律，快速学习；探索未知，多元思维，持续发展；能量导通，减少虚耗，上下同欲；传播理念，抓住主脉，复制成功。

三、天盘之三门系统简介

"三门系统"是天地学习法中的又一妙用。天地学习法除了在复习总结中运用的效果很好，还可以在教学中灵活运用。天地学习法中天盘的一种形式叫"三门系统"，就是分"问题门""规律门""实践门"三个部分画天盘。

问题门指的是在我们生活中遇到过的问题；规律门指的是解决问题的方法与规律；实践门指的是在实践过程中发现了具体解决问题的方法与规律，从而顺利解决了问题。三门系统并不是独辟蹊径，其实在日常生活中，如果问题得到理想的解决，实际上都是运用了三门系统的思维系统。比如我们遇到了一个生活或者工作难题（问题门），解决这个问题是有方法规律的，我们会想之前的我们或者他人是怎么解决的呢？就会不由自主地梳理一些现成的规律或者方法，再结合分析现在遇到的问题与之前问题有哪些不同，从本问题实际出发需要哪些新的方法（规律门），再就根据总结的规律去实践，在实践中将规律上升一个新的层次（实践门），解决了问题，也将规律进一步提升凝练。

在运用三门系统过程中，我们首先重视前人积累下来的经验和做法，这是之前规律的总结，值得我们借鉴应用，少走弯路，避免陷入故步自封、自以为是的境地。其次在借鉴前人规律的同时不能生搬硬套，因此实践尤为重要，在实践的过程中，我们要从实践问题出发，吸取前人经验有益成分，在实践中创新，将前面的规律推向更新的层次，就能够很好地解决问题。

以下就以教学"贞观之治"为例加以介绍：①教师首先让学生思考：面对隋末以来的状况，唐太宗应该如何治理国家呢？这个是需要解决的问题，于是填写在"问题门"里；②教师提问：现在同学们都是唐太宗的大臣，请各位大臣想一想，治理国家有哪些正确的方式方法呢？请给皇上提建议。学生们回答出大量治理国家的方法：勤俭治国、勤于政事、任用贤能、虚心纳谏、爱民如子、发展经济、重视农业生产、轻徭薄赋、整治贪污、整顿吏治、改革开放等，这些方法就填写在第二个"规律门"里；③教师提问：那么我们看看唐太宗采纳了大家的哪些建议，运用了其中哪些规律来治理国家呢？也就是他是怎么实践的？学生依据课本把内容填写到第三个"实践门"。最后教师总结：从中我们看到，历史上的"治世"都有很多类似之处，都是运用了刚刚大家总结的"规律门"中的方法来治理国家，"文景之治"、汉武帝统治、光武中兴，我们即将要学习的"开元盛世"等，都是这样的……（见图1-11：三门系统天盘——贞观之治）在教学很多有共性的知识时我们都可以用"三门系统"天盘进行，这种方法便于帮助学生掌握规律，而且学生在画完一个"三门系统"天盘后，印象深刻，往往能举一反三。

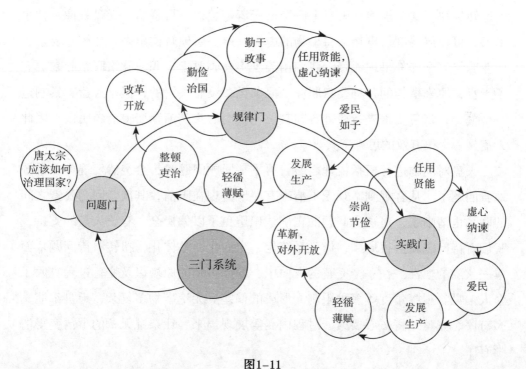

图1-11

四、云思维工具的原理及妙用

介绍一下天地盘的原理。天盘是一个螺旋形的结构，象征事物建议是螺旋式的运动态势，展现出人事物不断循环发展的历程，天盘的这种螺旋式发展是没有终点的，象征着探索无尽无穷的规律，因此天盘是个非常好的探索规律的工具，学习生活中许多问题都可以通过天盘来解决。运用天盘来梳理工作实践中的事项，可以将问题剖析得清清楚楚彻彻底底。因为天盘工具是可以不断分化与细化的，每个分支要点还可以继续剖析，随着问题得到彻底呈现。因此在剖析过程中，我们的思维深度与广度都可以得到很大的拓展。其实天盘的形象在生活中无处不在，如螺旋式的螺旋形，使物品得到了稳固，台风的中心有台风眼，树木的年轮，还有宇宙中的星系，都是围绕着一定天体循环运转。一个太阳系就是一个活生生的天盘，行星围绕太阳转，卫星围绕行星转。貌似错综复杂的运转关系，但是通过天盘就能体现出，我们发现其实每个天体都有特定的运转规律，这个规律在天盘上诠释得清清楚楚，一目了然。天盘就像一把手术刀，可以层层剖析事物，将事物的内容一层一层地解构出来。如核心要素、职业脉络等全部都呈现无疑。我们用天盘将核心要素、职业脉络联系起来。有了天盘，原来事物的各种要素职业是混杂无章没有头绪的，但是天盘工具制造一个框架，将各要素进行梳理各归其位，我们的头脑渐渐变得清晰明白，因此天盘是一个很有效的思维工具。

天盘对问题进行概括梳理之后，再重新回顾问题时，会突然发现可以系统地看问题了。从客观到微观无不清晰有序地呈现在眼前，其次，问题要素之间的联系也清晰了，对这个问题的正确认识避免了以偏概全。有了天盘的支持，我们看待问题就会很周到，做到系统化、全面化、整体化，扭转看待问题片面单一狭隘的惯性。在一个完整的方向中，复原事物的原貌以及变化过程克服了个人偏见、观察角度等多种限制而形成的偏差。无论事物多复杂，天盘都能真实有序、完整地将核心要素、过程内涵等展现出来，让杂乱无章的事情变得清晰有序。

互联网时代，知识是爆炸性发展的，面对浩如烟海的知识海洋，如果还是用知识分类专业化固有的思维模式去学习，就无法汲取更多的知识。天盘工具是为适应互联网时代思维模式发展起来的，让我们用系统化思维将知识系统化，提升理解力，以此提高学习问题的能力。

再来介绍地盘的原理，地盘的形状与树木年轮很相似，地盘越外圈，越反映出更多的细节，如果说天盘是一个动态的探索规律的思维盘，那么地盘就是静态的总结归纳的思维盘。地盘一般是在天盘基础上画出来的，是对天盘的归纳和总结。地盘非常灵动，它并非只是对天盘简单的重复总结归纳，同样的天盘根据不同的理解角度就可以画出不同的地盘。天盘和地盘一起使用能起到非常好的效果。地盘还是一个非常简单的记忆工具，称之为地盘记忆法。在画地盘的过程中提升归纳总结能力以及云思维能力。我们将需要记忆的内容，画成地盘后，将这张地盘图看作一张图片存在脑海里，这就是思维可视化的过程。

思维可视化概念是由曾受聘于华东师范大学现代教育技术研究所，任思维可视化教学实验中心主任的刘濯源首先提出，"思维可视化"（Thinking Visualization）是指运用一系列图示技术把本来不可视的思维（包括思考方法和思考路径）呈现出来，使其清晰可见的过程。当然一开始我们不可能具备这种过目不忘的能力，那么我们可以将地盘挂在经常看到的地方，慢慢地脑海中就会形成一张非常清晰的图片，当我们需要其中的信息时，直接将这张图片从脑海中浮现出来就行，非常简单，不过这种能力不是一蹴而就的，需要长期的训练才能具备。

总而言之，画天地盘是很有好处的，其一，提高我们的系统性、整体性的思维能力。在学习中，同学们都觉得历史学习内容繁多、知识杂乱，学习过程很痛苦，都是因为用一种割裂式的思维去学习，不注意要素之间的联系，天地学习法帮我们提高知识把握的站位，站在学科系统的高度，用系统性思维俯视全局，学习起来就会游刃有余。

其二，画天地盘可以提升我们的自主学习能力，美国学者、著名的学习专家埃德加·戴尔提出的"学习金字塔"理论认为，纯粹的听讲只能获得知识的5%，但如果动用身体的器官越多，参与形成越丰富，知识的吸收效果就会越好。如果通过实践、讨论、教授他人、亲自体验等方式，最高可以吸收知识的90%以上，可见主动学习的习惯是提高学习效率的有效途径。天地学习法就是这么一个理想途径，它为学习者提供了便于自主学习的思维工具，天地学习法特别强调学习者自主动手的能力。自主完成天地盘的制作，在制作过程中学习者不但完成了知识的架构，同时也锻炼了自身的逻辑思维以及形象思维。这种思维能力的培养，不仅让学习者获得知识，更是提升了学习者的知识学习以及知识驾驭能力。

其三，画天地盘帮助我们短时间内的批量学习，掌握大量知识。天地盘的使用帮助我们梳理知识的主干脉络，筛去无关的枝叶，因此可以短时间内就掌握知识的概要精华内容，极大增加了学习的容量，提高学习的效率，我们提出用尺规加天盘的学习方法"1小时读一本书"的实践，归功于天地盘工具的帮助，相当于用20%的时间完成了80%的事情。

其四，画天地盘训练我们大脑的逻辑思维与形象思维。在绘制天地盘的过程中，每个节点，每个层级之间不是割裂的，而是用一定的逻辑关系串联起来，因此在画天地盘的过程中，我们必须思考其要素的逻辑性、层级性，思考其结构要素的完整性、要素的关联性以及存在的不足，等等，这样的思考与实践引导大脑不断思索，梳理原本零乱无序的信息，逻辑思维得到锻炼，那么绘制天地盘用的线条、圆圈、箭头及最终呈现的天地盘的形象也会充分调动大脑形象思维的功能。

其五，画天地盘开发大脑。大脑的左右半球负责的功能各不相同。其中右半脑主要负责的功能有：节奏、空间感、格式塔（完整倾向）、想象、色彩及维度。左半脑主要负责的功能有：词汇、逻辑、数字、顺序、线性感、分析和列表。正是因为这些功能，我们才能更好地理解和记忆。天地盘使用促进人类大脑左脑和右脑的合理应用，促进大脑的潜能开发，将大脑的思维过程进行可视化的展示，同时，通过画天地盘把左右脑脑海中割裂的小岛联系起来，相当于架起一座高速公路，天地盘使用越充分，路就越宽，思维水平就越得到提高，理解记忆的效果就会越好。在教育信息化的发展与普及的背景下，思维可视化教学工具层出不穷。天地学习法就是互联网时代背景下最新的"云思维"学习工具。我们历史课组通过引入互联网时代最新的"云思维"学习工具——天地学习法，对历史学科教学方式进行加工创造，转变传统的教与学方式，从而促进学生的高效学习、发展学生的核心素养，使学生具备能够适应终身发展和社会发展需要的必备品格和关键能力。

下面以初一上第2课《原始农耕生活》为例谈谈如何利用天地学习法优化历

史课堂，梳理课本结构，归纳重点内容。

1. 课堂准备

教学目标：了解我国原始农耕文明代表——河姆渡文明和半坡文明特征，了解农耕生活的概况；总结出我国主要的远古居民的代表，读懂图表、文字材料并从中总结规律。用天地盘学习法归纳本课时的重点内容；能够认同创造出我国原始农耕文化的先民们在自己劳动成果中体现出的智慧与淳朴的情感，以及他们对人类社会物质与精神进步做出的特有贡献。激发学生对祖国历史文化认同感和对中华祖先的崇敬之情，培养学生的家国情怀。

2. 天地盘设计思路

本课天地盘的设计思路是原始农耕生活历史的螺旋式的展开，天地盘主题词是原始农耕生活，第二层次是从半坡到河姆渡再归纳我国原始农业的发展，是一个蔓延发展、开花结果的历史进程。沿着这个清晰的脉络，在第三层次上对我国几处经典的原始农耕生活的时间、地点、流域、食物、住房、工具进行横向比较。通过这个思路引导学生亲自动手用天盘或地盘把本课的知识要点画出来，梳理知识脉络。学生还可以在天地盘上涂色。天地盘结构图如图1-12和图1-13所示：

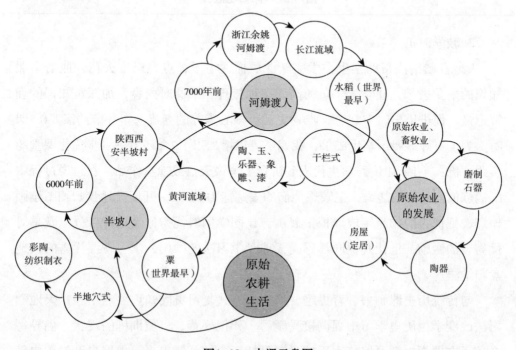

图1-12　本课天盘图

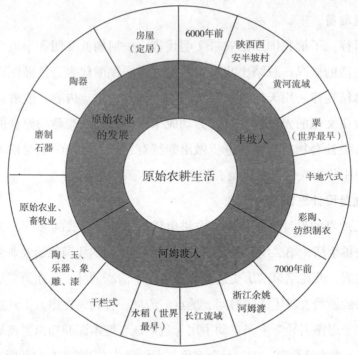

图1-13　本课地盘图

3. 教学时机

天地盘归纳法帮助学生在学完新课后抓住主干，点燃思维火花，厘清本课知识的来龙去脉，让学生轻负荷高效率地梳理归纳课时内容，加深对知识的理解记忆。促进历史时空观念、唯物史观等核心素养的养成。本环节约需要0.5课时。为了更好地展示学生成果，我们还可以增加以下2个环节进一步优化课堂的实践评价：（1）让优秀学生代表到讲台上解说天盘或地盘作品。在解说过程中既锻炼他们的归纳能力，也锻炼他们的表达能力。（2）开展天地盘归纳图绘画比赛，把优秀的作品制成黑板报展示，让同学们对优秀作品进行打分，既是对优秀者的激励，也让其他同学感受天地盘学习法的妙用，学习掌握优秀的天地盘归纳法。

与传统历史课画书、背提纲、填空的方式复习巩固知识要点不同，天地学习法改变学生历史学习中强调接受学习、死记硬背、机械训练的现状，倡导每个孩子在课堂上都可以使用天地盘工具把历史"画"出来，根据自己对历史脉络的理解架构知识脉络。学生主动参与，乐于探究，勤于动手，增强他们处理信息及交流合作的能力，彰显孩子个性化的学习能力。天地学习法很好地优化了传统的历史课堂。学生利用天地盘学习历史的过程就是体现学生的学习主动性、独特性、体验性、问题性、合作性的过程，在这种轻松有趣的过程中他们都很好地梳理掌握了本课的知识要点。

结合近三年的教学实践，我们体会到天地学习法在以下几个方面优化历史课堂，提升历史学习效果。

1. 增强了课堂趣味性

好奇心和探究意识是诱发学生不断观察、分析、综合、发现和创新的动因。首先，天地学习法改变他们对历史"枯燥乏味、背背背"的刻板印象，颠覆以往繁冗无趣的知识记忆方式，采取在画中学，在学中画的形式，将学习历史的过程演绎成带艺术特色的"画"历史的过程，学生陶醉其中，学习过程变得生动有趣；其次，天地盘的构架是因人而异的，每个孩子都可以根据自己的思维角度和理解层次去解读内容，个人化的理解成果有助于提高他们学习的成就感；最后是作品填涂色彩。学生根据自身喜好的颜色对不同层次的内容进行填涂色，填涂过程不但将知识通过颜色与其他层次作区分，还可以刺激大脑活力，提升注意力，填涂的过程既是对思维深层次加工的过程，也是强化理解，提升记忆的过程。学生完成作品的过程，也是将历史知识图像化、系统化、个性化的过程。整个过程有趣味性，每每在课堂展示环节，学生们都显示出成就满满的微笑。他们真心喜爱这一门全新的课程。

2. 优化知识的渐进性

天地学习法根据学生最近发展区的认知规律，按照由浅入深、由易到难、由表及里、由具体到抽象的要求有序进行。在该课程的实施中，首先通过2-3节的理论学习，让学生掌握天地学习法的基本理论和基本操作过程。接着有计划地安排课时引导学生结合所学历史课时内容进行实操。在实操过程中遵循"画结构→精要点→调布局→美底色"的目标要求，让孩子先掌握基本的天地盘结构，然后学会提炼关键词的技巧，下一步会根据内容调整天地盘布局，再进一步会给天地盘填涂色彩，开发右脑思维，也让作品更加美观艳丽。整个课程的实施过程是层层递进，思维难度是螺旋式地上升，通过有计划、有步骤地增加难度，提高学生的发展水平。从而让孩子不断体验成功的快乐，最终达到身心健康发展的目标。

3. 彰显学习的个性化

天地学习法在初中历史课堂的应用是从学校实际出发，循序渐进地推进的，凸显校本特色，也是学生在历史学科个性化学习的尝试。天盘的构架是因人而异的，天盘的设计不是刻板不变的，而是灵动变幻的，每个孩子都是个性化的，同样的内容会有不同的思维角度，不同的思维角度会产生不同的内容解读方式，自然有了不同的呈现路径，天盘结构自然不同；另外，学生根据自身喜好的颜色对不同层次的内容进行填涂色。填涂色彩发挥了学生右脑的绘画功能，涂色属于视觉艺术活动，该过程使天盘在头脑中留下清晰的印象，进一步加深记忆，所以填涂的过程是对思维深层次加工的过程。

总之学生课程学习的过程改变学生在传统学法上千篇一律的对于历史学习的强调接受学习、死记硬背、机械训练的学习方式，是将历史知识个性化的过程，彰显孩子的个性化学习的能力，体现学生的主动性、独特性、体验性。

经过这些年的实践探索，我体会到天地学习法应用于历史学习有以下妙处。

（一）历史学科独特性适合使用天地学习法

历史学科本身具有特质。首先，历史分为史前时代、古代史、近代史、现代史等，每个时代又根据时代特征划分为若干时期，每个时期又有若干重大事件，因此历史学科是具有层次性的。其次，每个历史事件是以年代、地点、人物、事件、结果、影响等进行分析的，因此历史学科具有逻辑性和发散性。再次，历史是沿着人类文明发展演变的时间先后顺序构建完整体系的，因此历史学科具有时空性和连贯性。最后，历史事件并非孤立产生的，是多种因素影响下历史发展的必然结果，历史教学中离不开对历史事件的总体掌握与联系，因此历史知识具有因果性和综合性。天地学习法能很好地体现历史学科的特点，帮助学生从宏观上认识历史学科中的主干知识，对历史有一个清晰的轮廓，然后逐步剖析以干带支，微观到具体知识点，逐步呈现历史事件联系。

（二）天地学习法的适切性适合在初中历史学习中应用

1. 天地学习法有助于学生对历史知识的高效记忆

天地学习法能够帮助中学生把繁杂零乱的历史知识进行梳理提炼，首先在知识的层级上进行重构，使历史内容思路清晰、层次分明。其次，天地学习法要求学生学会提炼关键词，通过关键词对知识点以点带面地发散思维，使得知识体系在脑海里轻松架构，得以减轻学习负担。最后就是给天地盘作品涂色。学生选择自己喜好的颜色在不同天盘层次的区域绘色，过程不但刺激大脑活力，提高专注力，还可以将知识通过颜色与其他层次作区分，这本身就是对思维深层次加工的过程，是强化理解与记忆的过程。学生在完成作品的过程，是将历史知识图像化、系统化、个性化的过程。研究表明，骨架支柱、理解记忆以及色彩记忆的内容不易被遗忘。因此，大脑对这种可视化、形象化、发散性的天地学习法的记忆远比通过抽象的记忆语言描述的记忆更牢固，有助于学生对历史知识的高效记忆。

2. 天地学习法有助于学生对历史核心素养有效养成

兴趣是最好的老师。天地学习法帮助学生梳理历史知识架构，厘清历史脉络，学生宏观区分历史层次的能力大为提升，辅以"编歌写诗"的尺规学习法，他们的历史理解就呈现得淋漓尽致，很好地提升了他们历史的时空观念、历史解释、家国情怀等核心素养。另外学生在用天地盘绘制历史知识点的过程中，是对课本已有知识的重新架构、组织和梳理，并能由此联想到其他相关知识，形成一个容易被自己理解接受的知识系统，有效地培养了历史的思维能力。包括发散思维能力、逻辑思维能力、创新思维能力、形象思维能力等。整个过程很好地体现新课标的育人要求。

总之，天地学习法激发学生的历史学习兴趣，培养学生历史思维能力，达到提高学习效率的效果。这种在"互联网+"背景下出现的云思维学习工具引入初中历史的学习时间比较短，相信随着更多人的关注，天地学习法在历史教学中的应用也会越来越广泛。

五、尺规学习法初步介绍

尺规学习法，包括尺规写诗和尺规写歌、尺规解题等，尺规学习法的运用非常灵活，这种方法是以天地学习法为基础，加上尺规运用的学习工具，通常以一个尺规加天盘构成，如图1-14和图1-15所示（基本的模板可参考图1-15所示的尺规模板，也叫双金字塔，尺规下三角的5%指的是事物的表象，是可见的部分；上三角的95%指的是需要我们探究的事物背后的本质的东西）。尺规学习法中的尺规写诗、尺规写歌我们主要是在单元复习、期中期末复习中运用。尺规写诗、写歌的用法如下：在冥想音乐中，学生把要素写在尺规下三角的5%部分，如写出某课、某单元标题，要套用的歌曲的标题等；上三角写出找到的每单元、每课的重点知识关键词；然后在冥想音乐中静思，感觉有一点想法了就开始在全系统思维天盘（天盘的一种用法）中写出一个个写诗、写歌的关键词，最后把诗或歌完成。

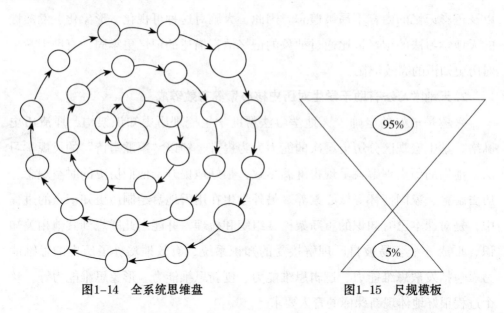

图1-14　全系统思维盘　　　　　　　　图1-15　尺规模板

　　学生学会这种方法后，通常可以在15-20分钟里，按照老师要求把要复习的历史课本内容，写成一首诗或改词填写一首歌，然后教师通过让学生分组展示尺规写诗、写歌的成果，其他组进行评价的方式，让学生充满趣味地复习了历史知识。通常评价要点有：关键词是否到位、主要知识点是否到位、逻辑是否恰当、知识点有无错误等。

　　尺规学习法有助于培养以下思维：

　　首先是系统学习的思维。系统论的核心思想是系统的整体观念。系统论创始人贝塔朗菲认为，任何系统都是一个有机的整体，它不是各个部分的机械组合或简单相加，系统的整体功能是各要素在孤立状态下所没有的性质。系统中各要素不是孤立地存在着，每个要素在系统中都处于一定的位置上，起着特定的作用。要素之间相互关联，构成了一个不可分割的整体。尺规工具帮助我们把内容当成一个系统看待，力求从大方向出发指导学习，这样，在学习和复习的时候不是按部就班按章节行进，而是先模糊概括，再在大框架下逐步明晰细节、完善结构、针对缺陷和不足专攻的学习方法。即"看山是山"。再把对象合理分解，认识各部分的特点，寻找以前没有注意到的地方，弄清具体关系和来龙去脉。即"看山不是山，是泥土、一块块岩石、树木、一株株花草……"。然后按照整体轮廓整合这些部分，特别是相互之间的结构和组织形式，从宏观角度把握量与度，特别要关注质变的临界点，即"看山仍是山"，学习者具有整体感和完整意识。总之尺规工具引导我们注重整体把握，也就是在学习的过程中要先以最快的速度在心里建立所学内容的轮廓。在轮廓形成以后拆分成各小部分进行分析、比较和引申。对于细节，也应该尽可能地组块，把小刺激联合成大刺激，从意群把握。

其次是编织要素的思维，编织思维指的是将事物的有关要素按照一定的方式编织在一起。尺规就是呈现了我们思维编织的过程，通过尺规，我们的思维方式自然就一目了然，要素编织过程也是我们提升思维的过程，我们通过用自己的方式重组、编织元素互联的方式发生转变，达到"一人一尺规"的境界。在编织思维的时候，我们首先要确定编织的核心要素，再围绕核心要素对其他要素进行一定方式的编织。

因此天地尺规是非常灵活的，思考的要素不同，引导我们走一条非常好的思考路径；另外，同样的要素基于思维的路径不同，可以按照不同的互联关系进行编织，得到不同的尺规作品。

在天地尺规学习法里，我们需要用到天盘、地盘、全系统思维盘、双金字塔、规律转化器等思维工具，以上工具各有妙用，我们可以根据自己需要解决的学习问题进行不同的组合，开发提升自己的思维能力，解决不同的学习问题，实现"一人一尺规"的目标。

最后是双金字塔的运用。在我们平时学习工作与生活中，面对各种事物容易以眼见为实，以为看到的就是真相的全部，而往往忽视了背后的本质，事实上"眼见为实"是片面的，这只是我们看到的一个表象，并没有看到表象背后的本质。人的大脑每秒钟能接收14-15条信息，每天能够负载8600万条信息。但实际上，这些信息只有1%能够经过大脑的思维加工而成为意识；其余的绝大部分信息，都被大脑的思维筛选掉了，而成为潜意识。这些贮存在大脑深处的潜意识，不容易被思维主体激活与发觉，它们深层地、潜在地和沉睡地存在于大脑之中，而意识则是表层地、现实地和显像地存在着。古典精神分析学派创始人弗洛伊德认为人的精神活动分为意识、前意识、潜意识三部分，他把精神活动比作一座冰山，我们所能看到的只是显现在水面上的冰上一角，即显意识，大部分都在水下，即属精神的最深区域即潜意识，所以1%的意识是显性地为我们所感知，但是有99%的意识是潜意识，因此我们的很多情绪和行为是由潜意识来决定的。人类的眼睛可感知的大自然的可见光频率在380-750THz，波长在780-400nm之间（如：红、橙、黄、绿、蓝、靛、紫等七色光）；但是波长低于380nm（如：紫外线），或者高于760nm（如：红外线、远红外线）等不可见光就无法被人类感知，因此，自然界中0.01%的光是可见的，99.9999%的光是不可见的。

基于人类研究得出了以上规律，云思维工具协助我们形成了一条探索位置的路径，探究我们日常生活中所见所闻背后的95%。这个云思维工具就是双金字塔。双金字塔由两个三角形组成。这两个三角形上下相对，其中底部三角形偏小一些，代表我们所见的5%。就是事物的表象。顶部三角形的偏大一些，对应的是现象视物背后95%的未知。这95%的未知是非常广大的。蕴含着非常丰富的信息，通过双金字塔的引领，我们能够对事物的表象进行深入全面的分析。打开思维深入思考，对事物做出全面的剖解。随着互联网时代的发展，社会越来越复杂，越来越多的事物发生都是因为背后95%的不可见部分引起的。但双金字塔能够帮助我们开发思维，轻松驾驭互联网时代产生的复杂事物，面对问题就能够容易思考，拨开云雾得体地解决问题。

双金字塔的使用要得心应手，还需要我们养成这个习惯，遇到任何可见的5%就要思考背后的95%究竟是什么，这样思考非常重要。总之利用双金字塔工具培养云思维解决问题，对我们来说是非常有价值的。

　　规律转化器是尺规学习法里一种非常重要的工具，尺规学习法中的"规"字就是取自规律转化器的第一个字，规律转化器思维工具的使用原理是统和思维。"统和"顾名思义就是"系统和谐"之义。统和思维是现代思维方法和行动方法的统称，在现代工程中，钱学森为"系统工程"理论做出了卓越贡献。在现代管理中，戴明博士首先提出"系统思考"的理念。这些都是现代整体理念的具体体现，中国自古以来就有整体思考的传统，统和方法的反面是"偏执方法"，最典型的案例就是"盲人摸象"，就是"头痛医头，脚痛医脚"的方法。统和包括了四个流程：统和思考、统和决断、统和设计、统和实施（操控）。①统和思考强调思考的周延性和有机性，思考的目的是要做出决断，谋而不断，谋而难断的"谋"就失去其意义。②决断是思考的结果，也是设计的依据。决断不能含糊不清，也不能偏执，这就是统和的要求。③决断之后就是规划与设计，没有设计，行动就盲目散乱，就难有实效。设计过程，要观照到诸多要素，诸多资源的统和，这样才会有高质量的设计。④实施操控，是过程控制的关键，也是诸要素的统和。由此可见，统和思维能够让我们的思维更加全面，规律转化器恰恰是引导我们用统和的思维看待学习，规律转化器是一个类似八字形的图形，如图1-16所示，我们画的时候从下方开始画出下圈，然后转向画上圈。下圈代表个体、局部或枝叶，上圈代表整体、全体或者全部，通过规律转化器让我们的思维实现思维上的统和思想。帮助我们思维从低点转化为高点，做到全面思考问题。

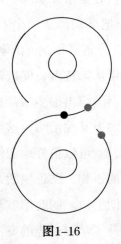

图1-16

第二模块
尺规学习法快速写诗

一、尺规快速写诗原理

尺规编歌写诗是指用双金字塔、全系统思维将自己熟知的内容，通过云思维方式编织成一首诗或一首歌，从而达到快乐学习、高效学习的目的。

其一，尺规编歌写诗的原理是编织法。原理是思维可视化，它能把我们的思考路径清晰地记录下来，让我们的思维如利剑一样快速打破思维局限，找到灵感，激活潜能。将基础要素进行关联然后赋予新的方式编织。语言编码化后，其特点如下：①语言和谐、节奏鲜明，顿挫有致、朗朗上口，容易引起人们的注意；②语言精练，整齐，化繁冗为简练，变凌乱为有序；③句式便于储存与检索。另外，思维编织的核心是系统思维。把要素之间的关系找出来，通过组合形成整体，构成系统。把事物形成一个系统，然后站在系统的高度分析，养成思维习惯，建立路径，分析事物就很清晰。

其二，这种方法吻合青少年认知特点，促进知识从无意识记忆向有意识记忆转化。孩子的编歌写诗往往会编织出很多新奇趣的情景，带有很强的情景体验，记忆原理认为对记忆对象加上某种情绪，这种想象可以非常新奇、有趣、荒唐、滑稽，甚至恶心呕吐等，就可以更好地记忆。青少年很容易接受有趣易记同年龄相适应而又可以理解的事物，贴近生活，激发兴趣，具体形象思想向抽象思维过渡，齐整押韵，朗朗上口。同时编歌写诗法是一种新颖有趣的学习方法，学生学习兴致大增，提升了学习过程的专注度。学习与记忆原理认为，广泛深入地关注记忆内容，记忆力高度集中，在记忆时可以产生许多联想与想象，使记忆力获得提高，同时，信心与注意力也都获得了提高。心理学家研究发现，同等情况下，专注于学习目标和没有专注学习目标的两组学生中，有专注目标的明显学习效果更好一些。所以我们不管是在学习还是在记忆的时候，专注于自己的目标效果就一定更好。编歌写诗是能够促进孩子专注于学习，提升思维的好方法。

其三，是现代学习方式理论的具体体现。美国学者、著名的学习专家埃德加·戴尔指出，孩子第一种学习方式——"听讲"，也就是老师在上面说，学生在下面听，这是我们最熟悉最常用的方式，但学习效率却是最低的，两周以后学习保持率只有5%。第二种，通过"阅读"方式学到的内容，可以保持10%。第三种，用"声音、图片、视频"的方式学习，可以达到20%。第四种，是"示范""看演示"，采用这种学习方式，可以记住30%。第五种，"小组讨论""参与讨论""发言"，可以记住50%的内容。第六种，"实践练习""做中学""实验法"，可以达到75%。最后一种学习方式，是"教别人"或者"马上应用"，可以记住90%的学习内容。也就是说，学习效果在30%以下的几种传统方式，都是个人学习或被动学习；而学习效果在50%以上的，都是团队学习、主动学习和参与式学习。所以从学习金字塔（如图2-1所示）中可看出，自己创造东西容易在大脑中留下深刻的印象。学生的学习能够实践练习，在做中学效果比较理想，如果能够转教他人，则效果最好。学生在编歌写诗的过程，充分尊重学生在学习活动中的主体地位。引导学生努力转变学习方法，要由被动听转到主动学，要多种器官综合使用，要耳、眼、脑、口、手并用。具体而言，编歌写诗就是属于"实验法"或者"马上应用"，利用云思维工具发挥创造性思维，将学习知识内化后重新演绎，将记忆内容的特征、价值、意义等给予创造性的发挥。在这个创造过程中，学生会充分发挥个人的想象能力，加入一些新奇有趣、搞笑幽默、神奇好玩的元素，学习效果会更好。

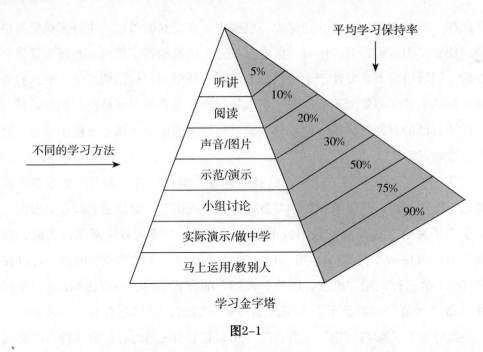

学习金字塔

图2-1

其四，体现了记忆法中的简要原理。在记忆大量信息的过程中，我们要能有效地提取关键信息，这样能够帮助我们更有效地记忆。比如在记忆一篇文章或者一大段话的时候，我们要迅速提取其中的关键字、关键词、关键观点和中心思想等，然后把这些关键思想按照逻辑组织起来，或者串联记忆。把记忆对象加以简化，让复杂的内容简化，简明扼要、生动形象，更有效地帮助记忆。歌诀记忆法第一步是提取关键词，简化复杂的记忆材料，减小记忆对象的绝对数量，加大信息浓度，减轻大脑负担；增强零散、少联系或无联系的识记材料之间的联系，通过编串组合，使零散的无明显规则的材料浑然一体，使本来只能用机械方法记忆的内容具有独特的效果。

其五，哈佛大学认知心理学家霍华德·加德纳（Howard Gardner）早在1983年就提出了多元智能理论，他认为每个人都拥有八种主要智能：语言智能、逻辑—数理智能、空间智能、运动智能、音乐智能、人际交往智能、自我认知智能和自然观察智能。如果将音乐感、节奏感和韵律感等美学知识合理运用到教学中，引导学生乐于学习、善于记忆知识就可以既发展了学生的多元智能，又培养了学生学习的兴趣。编歌写诗就是将需要记忆的内容涌现灵感编织成一首诗或一首歌诵读出来或唱出来，是利用语言所具有的韵律节奏等规律特征，将枯燥零散，彼此无重大联系的内容编成歌诀，在轻松快乐的情境中有效记忆。可见，编歌写诗法就是帮助学生利用云思维工具发挥自己的多元智能提升思维能力与学习水平。在学习过程中，我们体会到云思维的妙用。

二、尺规写诗模板

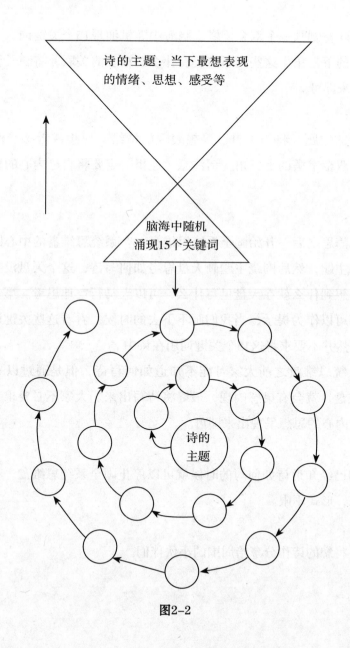

图2-2

三、尺规写诗步骤

准备工作：准备一张白纸和一支笔，以最舒服的方式端坐在桌子前。

目标：快速写出一首诗，可以是绝句，律诗也可以是现代诗。

第一步：

在白纸的左侧画一个双金字塔，脑海中随机涌现15个关键词，并将它们写在双金字塔的下三角，这些词不需要有什么逻辑上的关联，将脑子里涌现出来的词记录下来即可。

第二步：

确定诗的主题，将当下自己最想表现的情绪、思想或者感受作为诗的主题，并写在双金字塔的上三角。请注意，这里一定要将自己内心的真实感受作为主题。

第三步：

简短的静思之后，开始画全系统思维盘，全系统思维盘的中心圆圈是刚刚确定的诗的主题，然后围绕主题画天盘思考如何写诗，这个天盘没有分支（二级要点），想到什么就在天盘里写什么，可以天马行空地思考。第一步所写的15个关键词可以作为提示，当我们画不下去的时候，看看这些关键词就会有新的想法，当然并不要求将这15个关键词用在诗中。

画全系统思维盘之前大家可能不知道如何写诗，但是通过以平静的心画全系统思维盘，就会有灵感闪现，最终将诗写出来。大家不必要求写得多么优美，只要将内心的思想呈现出来即可。

第四步：

当我们已经知道诗如何写的时候就可以停止画全系统思维盘，在纸的右侧将诗写出来，形式不限。

第五步：

分享，将您的诗作分享给周围的小伙伴们。

四、尺规写诗案例

兴盛的唐朝

莲花中学北校区　　初一（12）班　　陈同学　　指导老师：王双燕老师

六一八年唐朝建，李渊称帝定长安。

唐太宗贞观之治，被尊奉为"天可汗"。

文成公主嫁吐蕃，玄奘西行取真经。

唐高宗妃武则天，武则天孙唐玄宗。

开元盛世唐鼎盛，鉴真东渡传经学。

日本派来遣唐使，唐与新罗往来多。

长安经济大都会，农业商业手工业。

李白杜甫白居易，颜筋柳骨欧阳询。

阎立本和吴道子，技艺超群惹人夸。

唐社会风气开放，受影响兼容并包。

宋朝的建立

莲花中学北校区　　初一（12）班　　陈同学　　指导老师：王双燕老师

九六十年宋朝建，赵匡胤陈桥兵变。

宋太祖建都开封，先南后北统中南。

中央集权大加强，重文轻武防篡位。

神宗与安石变法，初有成效终失败。

定风波·项羽

莲花中学北校区　　初一（12）班　　金同学　　指导老师：王双燕老师

月照梧竹夜星疏，济河焚舟破锅釜。三日之军跨尘土，天怒，壮士莽勇夺巨鹿。

鸿门毒谋挑剑舞，玉砌秦宫均不复。欲并西汉建大楚，悲夫，垓下自刎傍江乌。

虞美人·淝水

莲花中学北校区　初一（12）班　金同学　指导老师：王双燕老师

三谢两桓领万军，草木皆成兵。百战稍停人归营，却见漫山小菊，尽凋零。
寒风怒起鹤嘶鸣，沙场血已凝。剑影忽动响锣铃，暗血染透山岭，月重明。

菩萨蛮·忆隋

莲花中学北校区　初一（12）班　金同学　指导老师：王双燕老师

文祖铁骑越河江，黑压雄狮欲摧墙。西北望建康，一统无人亡。
拟把隋重振，却惜帝隋炀。为满心中乐，斥资修京杭。

苏幕遮·唐

莲花中学北校区　初一（12）班　金同学　指导老师：王双燕老师

贞观开，开元展。琼楼玉宇，宇上映河山。万邦天子赞唐观。白袍入雨，一伞一灯盏。
天宝昏，安史乱。巍巍高楼，都为沙场叹。百年辉煌终作古。
盛唐已残，一晚一颤寒。

浪淘沙·李白

莲花中学北校区　初一（12）班　金同学　指导老师：王双燕老师

天姥蓬莱，幽剑稍白。狂客长袖拂金台。鹳鹤二楼应犹在，青莲微开。

谪人将酒摆，抽刀排哀。千金万贯当可来。但使将心作沧海，唐属李白！

卜算子·赵匡胤

莲花中学北校区　初一（12）班　金同学　指导老师：王双燕老师

夜傍泊渔舟，寒雪绝深秋。小驿赵郎披龙绸，陈桥月似钩。
酣梦复又醒，转首夺后周。乾德为兵独盘谋，杯酒解千愁。

中华盛世

莲花中学北校区　初一（12）班　金同学　指导老师：王双燕老师

三千上下，华夏九州历史悠。
五千长河，东亚炎黄民魂留。
前有文景无为治，后有武帝盛世久。
数年乱世何人救？光武中兴开幕首。
短命大隋二世亡，太宗抢位振大唐。
盛有玄宗贞观强，中有宪宗带头上。
明有永乐固城邦，清有三世唤乾康。
中国盛世无以记，祖国终会再昂扬！

贞观之治与开元盛世（一）

莲花中学北校区　初一（12）班　孙同学　指导老师：王双燕老师

我有一则，
今古无人做的梦，
要这天下今日与我合共。
出身长安中，
为杨氏所生，

开国功臣为宗。

豆蔻年华时，

被召入宫中，

获武媚之称。

后来感业寺听钟，

凤阙漠漠看落红。

夜沉惊风雨，

案前读史册，

竟与百家通。

高宗在位时，

为做皇后，

早无风情万种。

洛阳则天楼，

宣改唐为周。

对谈明殿中，

问遍天下士，

谁有谏言勇。

重视桑与农，

为开元奠定基础。

记载过与功，

一块无字碑，

留后人贬颂。

黄金冠上白骨重，

陛下终将王位归唐宗。

我有一则，

今古总无人敢做的梦，

今日要这天下与我合共。

隋朝建立与灭亡

莲花中学　初一（11）班　刁同学　指导老师：王双燕老师

隋文帝，建隋朝。五八九，大统一，改局面，顺趋势。
巩政权，隋炀帝，开运河，三个点，四河段，五河流。
大运河，有利弊，强交流，便交通；民劳役，伤国财，速灭亡。
隋文帝，试拔才，初确立；隋炀帝，创士科，科举制，正确立。
科举制，大作用：强集权，善制度，扩范围，推发展，阶层动。
隋炀帝，施暴政，爱巡游，耗国力，民不安，终导致，大起义。
隋炀帝，叛军杀，死江都。盛极时，隋之朝，灭亡也。

唐朝建立与"贞观之治"

莲花中学　初一（11）班　刁同学　指导老师：王双燕老师

渊称帝，建唐朝，都长安。
六二六，唐太宗，改年号，为贞观。
吸教训，勤政事，虚纳谏，重人才。
政治上，行革新，制法律，减刑罚。
增科目，重科举，进士科，最重要。
经济上，减民负，重农业，提生产。
政治清，经济展，国力强，文昌盛。
历史上，称之为，"贞观之治"。

女皇武则天和"开元盛世"

女皇帝，武则天，历史上，是唯一。
政治上，击贵族，展科举，创殿试。

经济上，重农业，促生产，人口增。

上承接，贞观治，后形成，开元盛。

唐玄宗，李隆基，整吏治，减冗员。

展经济，改税制，中文教，编经籍。

位前期，号开元，政治稳，经济繁，

国库满，民安定，国力强，入鼎盛。

历史上，称之为，"开元盛世"。

盛唐气象

莲花中学　初一（11）班　刁同学　指导老师：王双燕老师

盛唐时，经济繁。手工业：青白瓷、唐三彩。

畜牧业：曲辕犁，耕土地；水筒车，浇灌溉。

唐太宗，为实行，开明策，尊称为，天可汗。

迎文成，入吐蕃。唐与蕃，两家亲，

立丰碑，亲相称。促发展，增关系，民交融。

社风气，有特点：较开放，满活力，兼容包。

唐时期，多文艺，诗书画，样精通，黄金期。

中外文化交流

莲花中学　初一（11）班　刁同学　指导老师：王双燕老师

玄奘行，游天竺，研佛学，传文化，入中国。

主持建，烂陀寺。据口述，弟子录，制为书：

西域记，研交流，贵文献。鉴真渡，传佛教，

去日本，主持建，招提寺，日国宝。中日间，

好关系，源于此。遣唐使，学文化，从日本，

来中国，规模大，素质高，时间长，次数多。

安史之乱唐朝灭亡

莲花中学　初一（11）班　刁同学　指导老师：王双燕老师

天宝年，唐玄宗，求享乐，宠贵妃，亲小人，朝政腐。
节度使，安禄山，受重用，担御任，扩势力，危中央。
安禄山，史思明，起叛乱。安史乱，八年平。
唐国势，盛转衰，节度使，据藩镇，权力大，无力控。
民生困，遇灾荒，黄巢军，遂起义，战南北，攻长安，
建政权，打击唐。九零七，将朱温，建后梁，灭大唐。
北五代，南十国，政权分，战乱频，大趋势，终统一。

隋唐时期

莲花中学　初一（11）班　刁同学　指导老师：王双燕老师

五八一年隋朝建，文帝杨坚都长安。
五八九年灭陈朝，结束分裂顺趋势。
经济发展人口增，分科考试选人才。
炀帝继位创进士，教育发展阶层流。
为固统治通运河，三点四段五河流。
残暴统治人民叛，六一八年死江都。
两代君王年百载，盛极一时也灭亡。

六一八年建唐朝，平定全国都长安。
六二八年李世民，太宗年号为贞观。
汲取隋朝速亡训，勤于政事虚心谏。
经济文化革新措，政治清明文教盛。
经济发展国力强，"贞观之治"由此来。

则天废儿当女帝，历史唯一女皇帝。

治国不比男儿逊，边疆开拓人口增。

经济发展减民负，为后开元奠基础。

孙子玄帝李隆基，在位前期勤于政。

政治稳定经济荣，国库充盈民安定。

强大进入鼎盛时，"开元盛世"便生出。

唐朝至此经济荣，辕犁筒车便农业。

纺织丝织蜀锦好，陶瓷生产三闻名。

造船矿冶样样精，商业繁荣长安城。

太宗开明民族策，唐蕃联姻一家亲。

开明社会好风气，兼容并包活力满。

诗歌创作黄金期，法家画家人才出。

遣唐使学中文化，鉴真东渡十二载。

五次东渡无功返，七五四年终成梦。

双目失明六六载，中日交流大贡献。

新罗仿唐创制度，引入中文音乐来。

玄奘西行取真经，四年跋涉达天竺。

十年经历述名篇，此乃《大唐西域记》。

记载游化百过家，研究中外珍贵文。

玄宗后期毁于随，追求享乐任人亲。

矛盾尖锐朝政腐，外重内轻形势紧。

七五五年安史乱，七六三年终平叛。

八年之久影响大，社会经济大破坏。

国势从盛转为衰，藩镇局面已形成。

宦官专权统政腐，中央无力控藩镇。

人民繁重生活难，连年灾荒无以生。

黄巢起义攻长安，致命打击建政权。

朱温叛变翁收利，九零七年建后梁。

悲哉！唐朝至此亡！五代十国更进立。

可怜至鼎百年载，衰亡只经几年哉！

多少努力化沙散，朝朝都毁庸君手。

盛唐气象

莲花中学　初一（12）班　刘同学　指导老师：王双燕老师

经济繁荣合家欢，
国际都会独长安。
蜀锦精美冠全国，
邢越双窑瓷青白。
公主入藏增和睦，
风气开放活力旺。
浪漫诗仙气昂扬，
子美诗史富凄凉。
书法绘画同铿锵，
盛唐文化现辉煌！

隋唐时期——繁荣与开发的时代

莲花中学北校区　初一（9）班　时同学　指导老师：王双燕老师

杨坚夺取北周权，建立隋朝都长安，
发展经济编户籍，中央集权提效率。
运河开通通南北，开创科举废门第，
只怪炀帝施暴政，三十八载隋朝崩。
隋末农民起义中，李渊趁机把帝称，
六二六年贞观治，世民开创唐盛世。

太宗吸取隋教训，勤于政事广纳贤。

女皇上位创殿试，经济发展重生产，

玄宗多才启开元，前期鼎盛史无前。

安史之乱国势衰，农民起义后梁立，

五代十国长分立，统一仍是大势趋。

九六零年宋朝建，重文轻武分事权。

北宋中期支出大，望用变法富天下，

政府财政有增加，官僚贵族拒执法。

北宋版图不如唐，契丹党项建辽夏，

北宋辽夏相对峙，贸易往来仍保持。

辽与北宋的和战

莲花中学北校区　初一（11）班　邹同学　指导老师：王双燕老师

辽太宗占十六州，

遂与中原战不收；

宋太祖友好外交，

使节互通乐悠悠。

保证平安虽短暂，

战火硝烟在眉睫；

辽军破城猛攻宋，

真宗慌忙来防守。

澶州城下协开封，

寇准妙计在心中；

真宗亲征士气旺，

打败辽军引歌喉。

却道献与辽岁币，

澶渊之盟自有谋；

胜家认怂是表象，

和平局面百年流。

念奴娇·回望唐朝

莲花中学北校区　初一（12）班　洪同学　指导老师：王双燕老师

大江东去，浪淘尽。

千古李唐，人才济济。

风流天子，雄姿英发。

贞观之治，开创盛唐，

则天女皇，上承下启。

忆昔开元盛世，小邑犹藏万家室。

玄奘西行，真经传入中华，

女子堪当马上将。

惜突生叛乱，春花秋月，终于晚唐安史。

寂寞天宝，唐朝一去不复返。

秦的暴政

红岭中学石厦初中部　初一（9）班　陈同学　指导老师：李树老师

秦末农民大起义，实施巩固大统一。

无奈秦法太残酷，繁重徭役赋税沉。

统治残暴法律严，逼迫农民大起义，

陈胜吴广大泽乡，起义失败重打击。

巨鹿战前二零七，以少胜多败主力。

秦朝大败即灭亡，项羽刘邦楚汉争。

收缴民心得胜利，刘邦长安建西汉。

秦朝的统一

红岭中学石厦初中部　初一（9）班　许同学　指导老师：李树老师

公元前，二二一，
秦王嬴政大统一，
设丞相，设太尉，
分管行政和军事。
地方推行郡县制，
最高统治称皇帝，
开南疆，修灵渠，
击匈奴，修长城。
东东海，南南海，
西陇西，北长城。
统一货币度量衡，
促进文化与发展，
终战乱，百姓福。

丝绸之路

莲花中学北校区　初一（5）班　张同学　指导老师：王双燕老师

张骞上路第一次，
目的联络大月氏，
意除匈奴保汉帝。
张骞上路第二次，
往来开辟丝绸路，
交流发展共进步。
班超入手营西域，

西域管辖重恢复，

派将甘英往大秦，

丝绸之路自西东，

起止长安到大秦，

中经河西与新疆，

又经中亚与西亚，

丝绸之路意义大，

东西往来大动脉。

东汉的兴衰

莲花中学北校区　初一（5）班　何同学　指导老师：王双燕老师

西汉王莽夺专权，

光武平乱称东汉。

刘秀登基固统治，

释放奴婢减负担。

外戚宦官掌朝政，

国内政治腐不堪。

张角创立太平道，

黄巾起义东汉残。

　　这种复习形式新颖有趣，让孩子将枯燥的历史复习课变得生动活泼，更主要的是让他们能够学会自主思考，合作学习，对书本主要内容通过梳理有了更加立体化的理解，提高了复习效果。

中国特色社会主义道路

深圳红岭中学石厦初中部　初二（5）班　胡同学　指导老师：李树老师

解放思想/动脑筋，

实事求是，团结一致/向前看。

工作重心/转经济，

改革开放/始建设，

深远意义/大转折，

我国历史/新时期，

新政策，农村始，

安徽凤阳小岗村，

包产到户/定盈亏，

家庭联产/责任制，

生产积极/大提高。

生产力，大解放，农民致富/新道路，

在城市，经济体制/也改革，

政企分离/责任制，增强企业/新活力，

经济发展/新局面。

九二年，十四大，社会主义市场经济。

八零年，邓小平，迈出对外/的步伐，

经济特区/亦建立，深珠汕头和厦门。

特殊政策/与管理，

几年内，曾经破落/小渔村，竟成繁华/大都市，

对外开放的窗口/改革成功的范例。

八四年/沿海城市、八五沿海/开放区。

八八海南/经济特区，九零/浦东开放区。

不仅开发沿海，更要放眼全国。

沿江/沿边/与首府。全方位、多层次、宽领域的/大开放，

不仅/迎进来，亦要/走出去。

零一年，入世贸，增加机遇/与挑战。

当今世界的贸易，无处不显/中国力量。

十二大，首次提，走自己的路。

八七年，十三大，邓爷爷阐明/初级理论，

以经济/为中心，坚持/四项基本原则，坚持/改革开放。

邓爷爷，改革开放/总设计师，

邓小平理论，深远的政治思想遗产。

零二年，再出发，三个代表新见解。

十七大，科学发展观。新形势下新方法。

十八大，新目标，立志全面建小康。

十九大，习主席，新时代下中国特色。

千言万语道不尽，归根结底一句话。

紧跟时代不放松，团结一致向前看，向着美好明天，再前进。

五、尺规写诗心得

尺规写诗，事半功倍，编织要素，诗就成了。能几分钟轻松地把事物更深的内涵表现出来，很棒！

——学生一

脑洞打开，快速思维，一气呵成。

——学生二

首先这个学习对我来说是一个思维的整合，原来对工具理解的点通过尺规原理结合在一起，形成了对云思维更深刻的认识。还有就是积极的态度，主动参与学习，效果事半功倍，生活中处处需要主人思维，一切都会朝着我们希望的方向去发展，未来无限光明，全局观会帮我们拨开迷雾，找到前行的路，无比感恩云养成团队提供的精神大餐，让世界因我们而更精彩！

——学生三

云课尺规和规律转化器相结合，一静一动，一分一合。完美地将问题编织出来，再统合成任何形式。比如作诗，比如写歌，比如由点到面的归纳总结。涵盖面广，运用灵活，梳理简单，令头脑清晰，目标明确，收获颇丰。感恩导师，感恩一切。

——学生四

有了写诗的经验在前，这次写歌词可以说是信手拈来，想要表达的语句根据自己写的关键词不断地涌现出来，思维得到了扩展，这种学习方法真好，很震撼，如果同学们能掌握，学习真的都不是问题了！

——学生五

写的时候没有思路，看到自己写的关键词，就把关键词组合，更符合自己想表达的中心思想，形成精简的句子。

——学生六

用双金字塔，自然涌现内心世界的思绪，无有拘束，天盘更是思绪的尽情释放，再组合成诗，顺理成章。

——学生七

通过词汇的编织，感觉大脑有了思路，开始有些紧张，慢慢地有了思绪，让思维活跃了起来。思维的过程犹如做菜一样，步步清晰，步步落地。

——学生八

六、尺规写诗练习

练习1

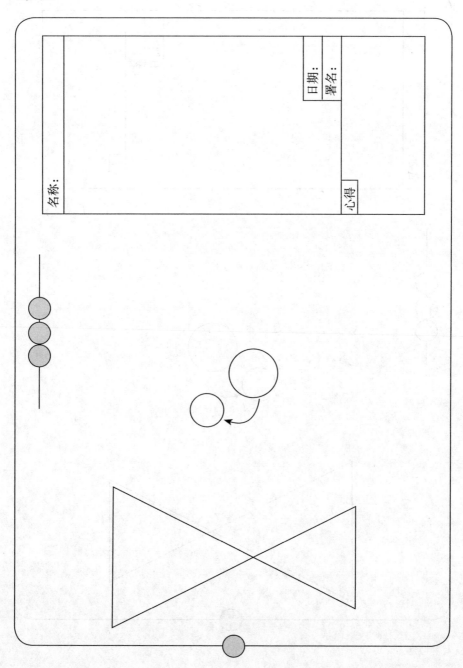

练习2

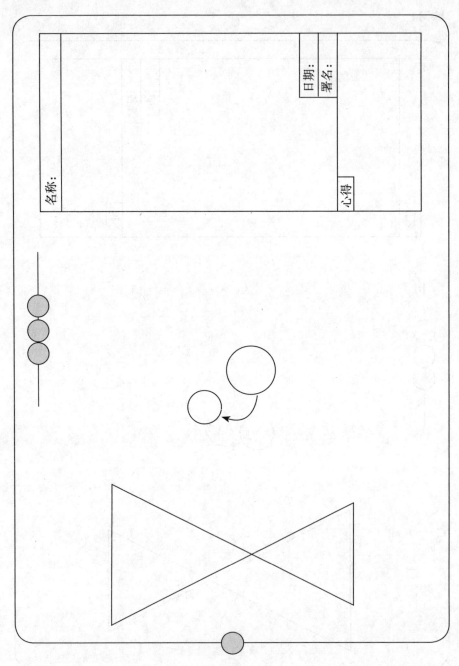

练习3

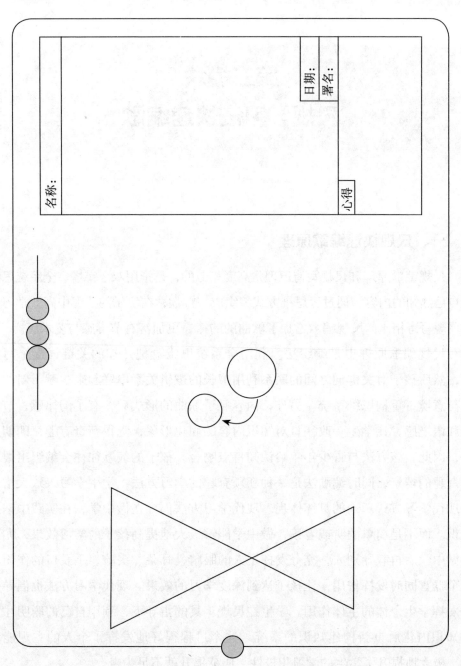

第三模块
尺规学习法快速编歌

一、尺规快速编歌原理

尺规编歌原理和尺规写诗原理是高度相似的，是指用双金字塔、全系统思维将自己熟知的内容，通过云思维方式编织成一首歌，在快乐的节奏中高效学习。与尺规写诗相比，尺规编歌增加了歌曲的韵律，更加富有节奏感与艺术感。

尺规编歌原理也是编织法。利用全系统思维盘把熟知的关键词逐个写出来，然后孩子对关键词之间的联系利用擅长的逻辑关系串联起来，赋予新的意义与意境，重构思维系统。另外，内容赋予歌曲的形式后，有了韵律感、节奏感和语境感，让学生一改往日对知识内容的固化形象，觉得新奇有趣，朗朗上口，因此，该方法与青少年年龄认知特点吻合，孩子的编歌往往会编织出很多新奇趣的情景，同时编歌法是一种新颖有趣的学习方法，学生学习兴致大增，是现代学习方式理论的具体体现。现代学习方法倡导在做中学，在实践中掌握知识。而不是简单的听或者读，做中学能够极大地提高孩子的学习效果，尤其在做中学后再教导别人，充分发挥了人的眼睛、耳朵、头脑、手及口的作用，多个器官同时发挥作用，让孩子达到深度学习的效果。现代学习方法也倡导充分发挥学生个体的主体作用。学生在尺规工具的指导下，利用自己的聪明才智将知识内化后重新构建知识的系统，这个过程很好地发挥了个人的主观能动性，极大地提升了学生的学习积极性，成绩提升就不足为奇。

二、尺规编歌模板

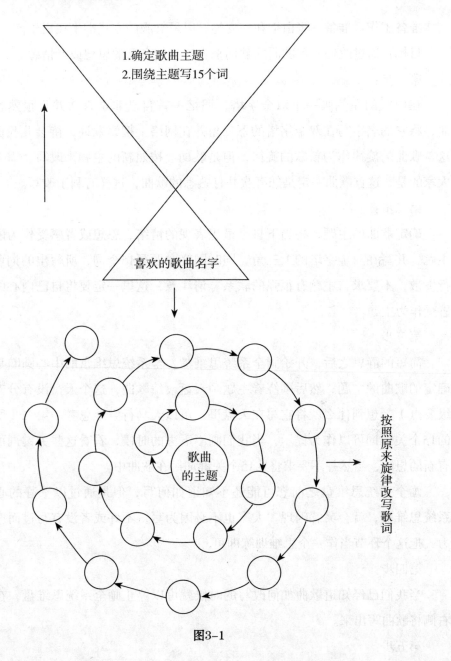

图3-1

三、尺规编歌步骤

准备工作：准备一张白纸和一支笔，以最舒服的方式端坐在桌子前。

目标：通过改编一首歌曲的歌词来表达我们自己的思想或者情感。

第一步：

在白纸的左侧画一个双金字塔，回忆一首自己非常喜欢并且很熟悉的歌曲，将它的名字写在双金字塔的下三角并在网络上搜索歌词，待会儿我们会将这首歌曲的旋律作为新歌的旋律，但是歌词会按照新的主题来改写。需要提醒大家的是，这首歌曲一定是您喜欢并且熟悉的歌曲，这样有利于改写。

第二步：

确定歌曲的主题，将当下自己最想表现的情绪、思想或者感受作为歌曲的主题，并写在双金字塔的上三角，同时围绕主题写15个词，所写出的词可以进行发散，不要求与主题有很强的联系。请注意，这里一定要将自己内心的真实感受作为主题。

第三步：

简短的静思之后，开始画全系统思维盘，全系统思维盘的中心圆圈是刚刚确定的歌曲的主题，然后围绕着主题画天盘改编歌曲，这个天盘没有分支（二级要点），想到什么就将它写在天盘里，可以天马行空地思考。第二步所写出的15个关键词可以作为提示，当我们画不下去的时候，看看这些关键词可能会有新的想法，当然并不要求将这15个关键词用在歌曲中。

画全系统思维盘之前您可能还不知道如何写，但是通过以平静的心画全系统思维盘，就会灵感闪现。大家也不必因为写得不好或者没有写过而产生压力，把这个环节当作一个思维训练即可。

第四步：

当我们已经知道歌曲如何改写的时候就可以停止画全系统思维盘，在纸的右侧将歌曲写出来。

第五步：

分享，将您的歌曲和写歌的感悟分享给周围的人，分享给全世界的小伙伴们。

四、尺规编歌案例

【初一上第三单元复习】

十年

红岭中学石厦初中部　　吕同学

公元前211年，建立秦朝，皇帝嬴政定都咸阳

统治者称皇帝，中央设丞相太尉御史大夫

陈胜吴广起义，在大泽乡第一次起义

鼓舞万千人民，楚汉之争项羽刘邦

刘邦胜利建立西汉，文景之治推恩令主父偃

罢黜百家，独尊儒学

推行儒学教育，张骞通了西域

公元前60年设立西域都护，造纸术东汉的蔡伦

张仲景医圣，华佗制成麻沸散

史记三千年的史事，乔达摩·悉达多，释迦牟尼

【秦朝的建立】

棠梨煎雪

红岭中学石厦初中部　　谢同学

秦灭六国公元前221年

秦国军队势如破竹灭六国

统一多民族，建立封建

创立大一统中央集权制度

国家最高统治者皇帝

设丞相太尉御史大夫

郡县长官县令或郡守

开创王朝基本模式

秦始皇以秦圆形方孔半两钱为标准

促进各地经济交流改变混乱

统一度量衡的制度

下令统一车辆和道路宽窄

【国家建设与外交成就】

最暖的忧伤

红岭中学石厦初中部　康同学

新中国经济水平大大提高

我国保卫国家能力大大增强

近代国家受尽屈辱啊被彻底打垮

第一支海军北洋舰，被彻底打灭

洋务运动宣告了彻底破产啊，太无奈

黄海海战的英魂，一直难以告慰

邓世昌的壮烈牺牲依然给我们敲警钟

国防强才能抵抗列强

漫长海防线离不开我们强大的海军

新中国后行独立自主和平外交

接见印度代表提和平共处原则

尊重主权和领土完整互不侵犯

互不干涉内政平等互利和平共处

万隆会议加强与亚非团结合作

中国首次参加无殖民主义国家的会议

总理提"求同存异"的方针

第二十六届联合国大会通过决定

恢复中国在联的一切合法权利

中国外交胜利发挥了大作用

美敌视中国封锁禁运包围威胁

1971年基辛格访问中国啊

尼克松来访华发表了联合公报

中美正式建外交只有一个中国

日首田中角荣访华立刻建外交

幸福总会在身旁绽放如阳光

稳中美日关系实现中苏关系正常化

积极与欧盟国家发展合作关系

秉共商共建共享全球治理观

建人类命运共同体维护世界

全方位多层次立体与170国建交

中国的国际地位不断提高

老师点评：此歌从近代到现在，唱尽我国国防事业的发展历程，符合历史史实，歌词语言水平极高。听此歌既可以学到历史知识又受到文化的熏陶。

隋唐的翅膀（改编自《隐形的翅膀》）

莲花中学北校区　初一（12）班　周宸瑜　指导老师：王双燕老师

每一次，都在分裂乱世中坚强

每一次，统一的趋势让人很受伤

我知道，我曾与杨坚是君臣一场

到现在王朝被你夺取

五八一，杨坚定都长安称开皇

过八年，励精图治的他一统天下

我知道，隋朝的繁盛到不了杨广

大运河，流向灭亡

我终于看到，李渊是最后赢家

玄武门前的兄弟相争啊

开明的思想，直言进谏不害怕

大概这就是，贞观之治吧

武则天，称帝道路特别的漫长

我看见，殿试的科举也会有变化

我知道，唐玄宗隆基开元的梦想

带来了盛唐气象

我终于看到，唐蕃和同为一家

西行的高僧，独自去闯荡

遣唐使好想，学习唐人说的话

唐诗三百首，你慢慢学吧

战乱的声响

让唐衰落受了伤

五代十国的局面要上场

五、尺规编歌练习

练习1

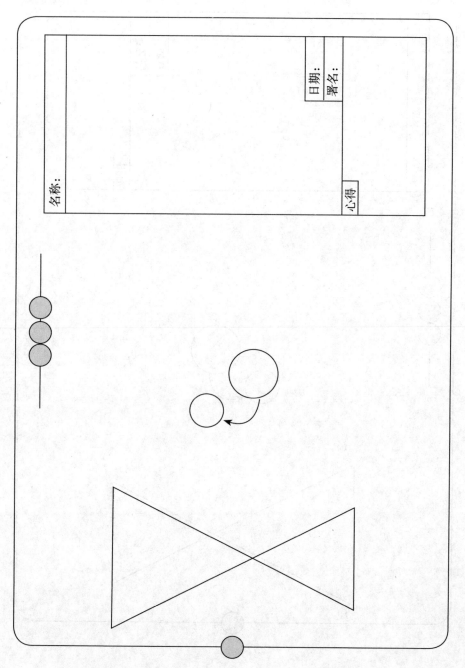

练习2

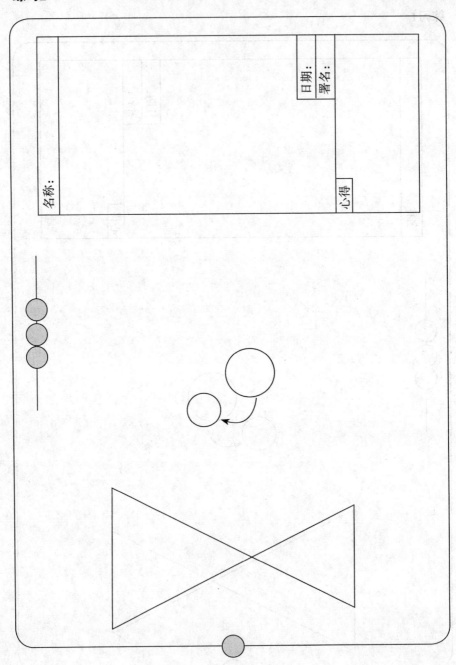

名称：

日期：
署名：

心得

第四模块
尺规读书法

一、尺规读书法简介

是以天地学习法为基础，加上尺规的运用的学习工具，通常以一个尺规加天盘及全系统思维盘构成。现代社会的信息量爆炸式的增长，这既缘于社会发展的需求，也因为现代传播技术的发达。这就涉及是否需要阅读以及如何阅读的问题。书籍是帮助我们思考的最好的媒介和载体，尤其是经典书籍，包含了无数的美与智慧，阅读它们就是在理解这个世界的一切！而在当今阅读率很低的时代，从学生抓起，提高他们读书的兴趣，帮助他们建立阅读的习惯，梳理阅读的基本方法，是一件必须去做的事！从历史学科而言，历史学科新课程标准更趋向于培养学生的能力与创新素质。培养学生的高度人文素养，使孩子积极参与社会的发展，并能终身学习。这就要求老师在教学中要打破教材内容的封闭，引导学生掌握阅读的技巧，大量阅读相关的历史书籍。出于这样的认识，我希望通过尺规读书法指导学生阅读书籍增长智慧。

其一，尺规读书法是利用尺规工具快速、高效阅读的方法。阅读第一步是罗列全书的主要线索。通过阅读名称、序言、目录等信息来提炼全书的要素和关键词，并将其写在双金字塔的下三角。第二步是检视阅读，从总体上把握全书的关键要素、主旨以及内容结构。通过快速阅读，尝试总结作者意图和全书的主旨，将其写在双金字塔的上三角。根据收集到的要素及作者的意图或全书的主旨进行快速阅读并画出全书的结构天盘。结构天盘可以认为是作者将内容要素按照自己的意图进行的"编织"。这一步只要求对书籍进行框架式阅读，对于易懂的书，不必陷入细节的探究中；对于难懂的书，也要通过翻阅了解能够理解的部分。在这期间，我们还可以通过图画、色彩来表达我们的阅读感受或呈现阅读细节。第三步是分析阅读，通过尺规学习法来对书中需要精读的内容进行剖析思考、分析阅读。第四步总结全书并从作者的观点转化出自己的观点。通过画规律转化器写出自己的理解、心得和感受，并尝试写书评。第五步是将读书所画的尺规和心得与周围的人分享。尺规读书法利用了信息加工理论以及图像色彩等方式充分调动大脑资源，提升了阅读效率以及效果。

信息加工心理学的基本理论认为，人的认知系统是一个信息加工系统，学习的信息加工实质是模拟计算机的工作。加涅提出的信息加工模式理论就是这种学习观的主角。

如图4-1所示，加涅的信息加工模式图很好地解释了人类的思维过程。他认为，学习是学生跟环境发生作用的过程，刚开始当学生留意到现实环境中某一个刺激时，这个信息经感受器在感觉登记器上做短暂的停留，然后通过选择性知觉进入短时记忆。这些信息相当一部分随着时间的推移会被遗忘，能保持的信息要经过语义编码转而进入长时记忆，当学生做出反应时，经反应发生器对已储存的信息进行搜索和提取，然后经效应器输出转变为行动。总之，人类的信息加工过程即认知过程就是信息的输入、编码、储存、搜索、提取、输出的过程。尺规阅读法恰是基于这样的原理，在阅读过程中，利用尺规工具在信息的注意阶段利用形状、线条抓住人的眼球，使大脑处于一个高度警觉的状态，然后快速地将短时记忆中的大量信息进行意义关联，形成一个一个的知识组块，利用信息发散思维，通过联想与想象获得新的意义。在这个过程中，实现了对信息的精细加工处理。对信息进行有效的编码，输入记忆系统的信息快速而系统地转化成长时记忆能有效地提高学习效率。这实质就是记忆深度加工处理的过程。因此，尺规读书法可以帮助厘清各阅读要素的关系，加强理解，帮助记忆。

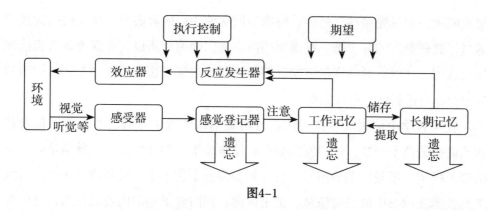

图4-1

其二，尺规读书法运用图像，刺激大脑。图像天生所具有的简单易懂、色彩丰富的特点，可以不由自主地吸引读者眼球和注意力。欣赏色彩斑斓的图片时，人会收获愉悦感，相对于文字，自然会愿意多接受图像信息。图像在尺规阅读法中的使用是将文字转换成简单图案，学生不仅喜欢这样的内容，更加愿意通过变化性的思维，用易懂的图案取代晦涩难懂的文字，使阅读更有趣味性。所以在课外名著阅读中使用思维导图时，要鼓励学生多使用缤纷多彩的图像，用吸引眼球的图像来代替可能会"审美疲劳"的关键字。

其三，尺规读书法还可以运用色彩填充活力。对于人脑来说，色彩是一种能够有效刺激神经运作的工具之一，使更多的脑细胞活跃起来。色彩的使用不仅是为了美观，它还可以在组织、分类、强调、梳理、分析等工作上发挥重大作用，这都有利于促进人们的思考。多用色彩填充尺规阅读法，让更多的创意、想法在笔尖流淌，这样做不仅使尺规阅读法减少了枯燥无味感，更多的增加了趣味性，人们自然愿意从事这样的绘制工作。

其四，尺规读书法突出重点，提高记忆力。人脑所处理的材料如果重点突出、条目清晰，那记忆该内容就会又快又牢固，然而重点的突出要做到适度并有效。在名著阅读中，利用尺规阅读法帮助搭建清晰的思维框架，让学生通过突出的中心进行联想和想象。这样的有根据的联想，不是"无源之水、无根之木"，它可以帮助学生发散思维，使思维从中心点向外发散延伸，提高其记忆能力，延长记忆时间。

其五，尺规读书法运用层级关系，明确逻辑关系。天盘的层级关系能够让绘制的内容清晰有层次地展现在人们面前，在层次中发现其中的逻辑关系，使尺规阅读法更具完整性。另外，鲜明的层次使中心内容突出，在尺规阅读法中通过样式较突出的分支把一些重要的内容加以强调。所以，在课外名著阅读使用尺规阅读法时，教师在学生绘制前要强调尺规阅读法的层级关系，使归纳的内容更具有逻辑性、更加完整。

我在教学中使用尺规读书法进行历史书籍阅读学习时，不少孩子都发现快速高效阅读不是梦。他们发出感叹，原来读书是如此的简单，脉络是如此的清晰。哪怕是不爱读书的孩子，也开始慢慢爱上读书了。尺规读书法通过思维工具快速获取书中的关键信息，把书读薄；同时将书中的内容转化为自己的观点，融入已有的知识体系中，把书读厚。可以说尺规读书法是一种互联网时代的读书方法，在信息爆炸的时代通过读书让大家能够获得快速地成长。

二、尺规读书模板

在当今互联网高度发达的时代，在浩如烟海的文字海洋里，我们需要尽快高效捕捉有效信息，并转化为自己的观点，尺规读书法能够很好地帮助我们将书本的有效信息梳理出来并融入我们的知识体系里。

中学生尺规读书法主要分为五步，第一步是罗列全书的主要线索；第二步是检视阅读，从总体上把握全书的关键要素、主旨以及内容结构；第三步是分析阅读，通过尺规学习法来对书中需要精读的内容进行剖析、思考；第四步总结全书并从作者的观点中转化出自己的观点；第五步分享。

第一步感受图书。

拿到一本书之后首先要用心去感受整本书，将书放在手中，看看它的封面和封底，有什么图案，颜色是什么，用的是什么纸张，然后翻一翻全书，看看它的排版，不必看其中的文字，只是用心去感知。书中的每一个细节都蕴含着作者的信息，对我们的阅读很有帮助；然后快速翻阅全书，总结出贯穿全书的线索。

第二步检视阅读。

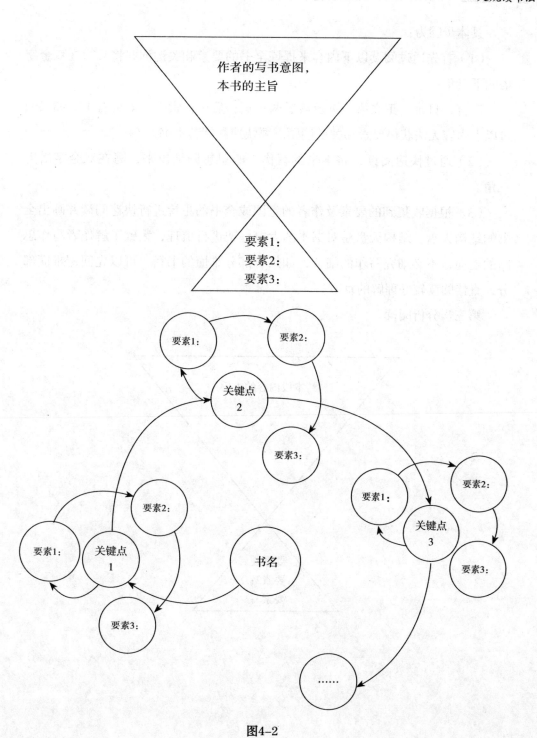

作者的写书意图，
本书的主旨

要素1：
要素2：
要素3：

要素1：　要素2：

关键点
2

要素3：

要素2：

要素1：　关键点
3

要素1：　关键点
1

要素2：

书名

要素3：

要素3：

……

图4-2

具体步骤为：

（1）首先通过阅读以下内容来提炼全书的要素和关键词并将其写在双金字塔的下三角：

序言；目录；正文第一页及最后两三页；后记；索引（如果有）。如果通过以上内容无法获得要素和关键词则需要快速翻阅整本书。

（2）通过快速阅读，将本书的写作中心思想归纳出来，写在双金字塔上三角。

（3）根据收集到的要素及作者的意图或全书的主旨进行快速阅读并画出全书的结构天盘。结构天盘是对书本的大概框架进行梳理，大致了解作者写作思路的走向，不必细究写作的细节，如果有部分难懂的书籍，可以先回避难懂部分，直接阅读较好理解的章节。

第三步分析阅读。

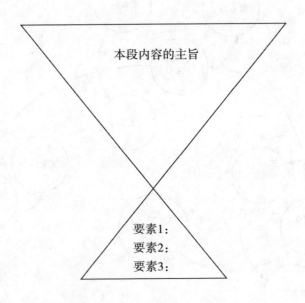

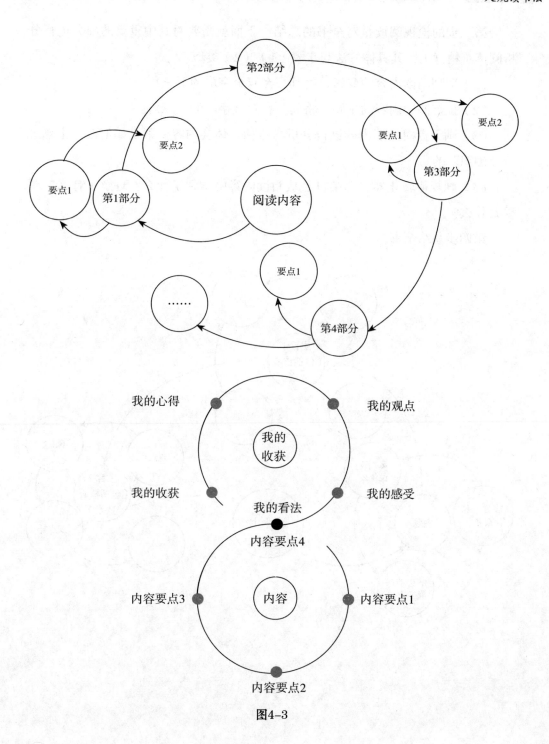

图4-3

第二步的检视阅读是对全书的总结，下面就需要对其中重要的部分进行分析阅读（精读），其具体方法与步骤（1）（2）类似。

（1）罗列阅读内容的要素，将其写在双金字塔的下三角。

（2）提炼阅读内容的主题，将其写在双金字塔的上三角。

（3）画天盘对阅读内容进行分析与概括，体会内容要素是如何按照主题进行"编织"的。

（4）画规律转化器，总结自己从阅读内容中学到了什么？理解了什么？感受是什么？

第四步总结全书。

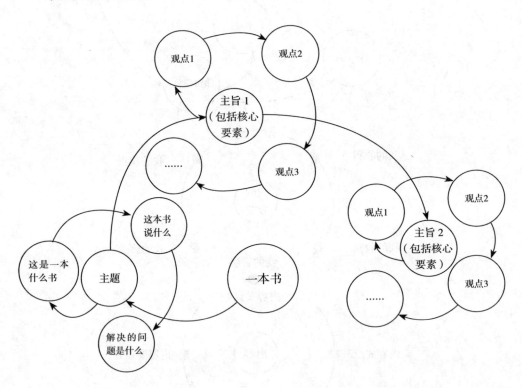

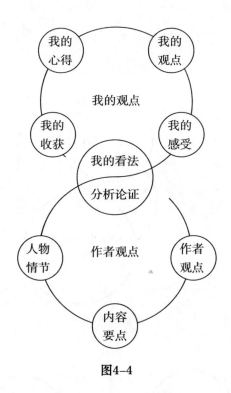

图4-4

（1）画天盘总结全书，建议大家从以下问题出发进行思考。

① 这是一本什么书？

② 这本书在说什么？

③ 作者要解决的问题或者要告诉我们什么？

④ 作者的核心要素是什么？

⑤ 作者的重要主旨（问题的答案）是什么？

⑥ 作者的主要观点是什么？

⑦ 作者解决了哪些问题，没有解决哪些问题，没有直接告诉我们的是什么？

（2）画规律转化器写出自己的理解、心得和感受，并尝试写书评。

第五步分享。

请您将读书所画的尺规和心得分享给周围的人，也希望您分享给全世界的小伙伴们。

附:

中学生推荐书目

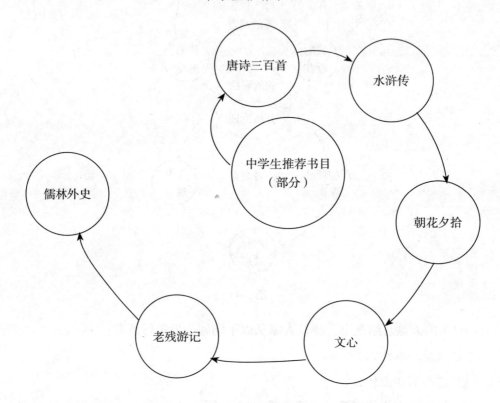

三、尺规读书案例

案例一:《史记》

线索:

(1)《史记》以主要人物为线索,而非地理国家或者统一纪年为线索。

(2)对于无法通过人物串联或者人物过多的情况下,采用其他方式描述,如表、书等。

(3)《史记》的结构大体上是每章节分两部分,前一部分是人物的事迹,后一部分是作者的评论或感想,通常以"太史公曰"开始。

全书检视阅读：

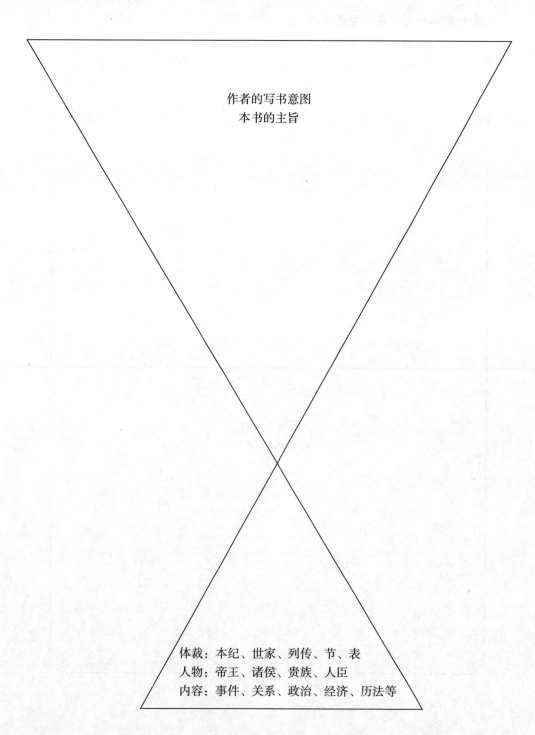

体裁：本纪、世家、列传、节、表
人物：帝王、诸侯、贵族、人臣
内容：事件、关系、政治、经济、历法等

请大家补充《史记》的结构天盘：

分析阅读：《童年》

下面分别从阿廖沙亲情的关系和人生经历两个方面对这一部分内容进行分析与概括。

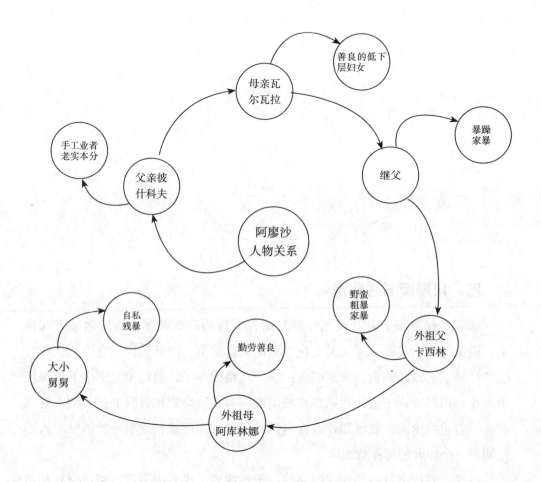

请大家画出阅读《童年》后的规律转化器：

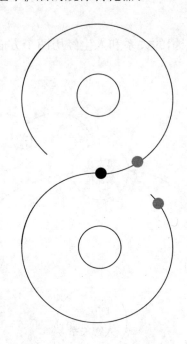

四、尺规读书法心得

学习尺规读书法时，我理解就是站在更高的高度掌握大局的思维方式读书。做练习时，我选了《大禹文化学概论》这本书，刚开始读就意识到这种方法的好处了：以前的我，拿到书就一字一句地读开了，但是读完了也不见得记得多少；用尺规读书法，在第二步找关键词时，就会把作者写书的目的、观点都一一着重找出来，就像和作者在对话一样，直击灵魂！我第一次清晰、入心地明白一个作者的写作意图。

以前，我读书状态是浑浑噩噩的。现在找到了作者的主旨，阅读全程都是和作者的心贴得极近，书的全局在手，内心放松透彻，精读的时候，会非常聚精会神，可以从一字一句中，真切地感受到主人翁大禹公而忘私的精神，非常感动，震撼灵魂！

——学生一

我是纯理科生，根本不爱读书，但是学了尺规读书法感觉读书变得很简单又脉络清晰，现在我已经开始爱读了。

——学生二

我爱尺规学习法，云课尺规显神通。尺规写歌解问题。尺规情绪速控法，成语尺规也能画，尺规快速读书法，思维方式大提升。

——学生三

尺规读书好有趣，模板百变好强大。写作写诗变容易，规律转化不复杂。方法提炼三要素，上八下八来转化。尺规成语曼陀罗，左脑右脑齐开发。有了尺规读书法，爱上学习so easy。开发思维不固化，螺旋成长你我他。

——学生四

课程中运用尺规读书法来学习《让学习充满快乐》，刚开始时不知如何画，画了好久，最后将它完成之后，感觉一本书就这样装在了心里，当然最后要完全将这本书的内容内化成自己的，还需要不断地实践，下面我打算带着问题再将此书学一遍，试着用书中的原理去解决我实际生活、学习当中遇到的问题，非常感谢老师的教导！

——学生五

五、尺规读书法练习

练习1

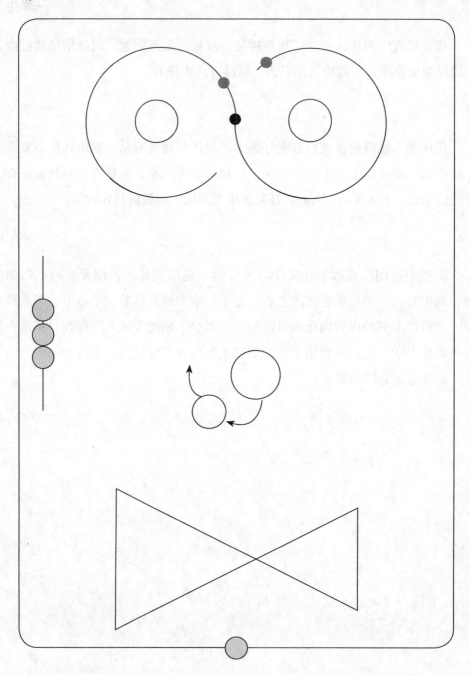

练习2

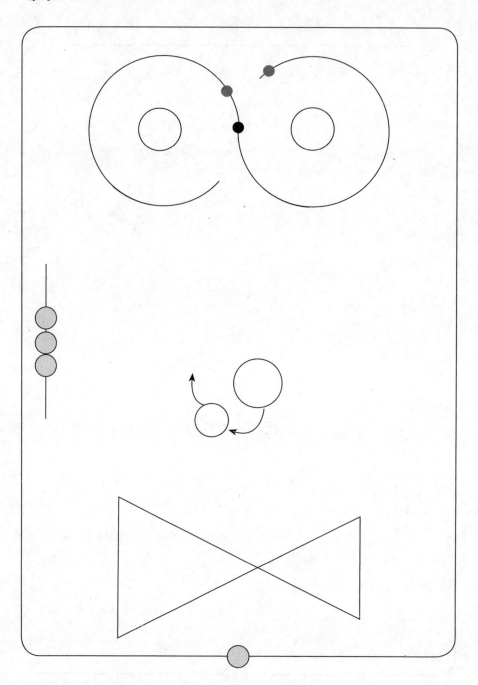

案例二：《钢铁是怎样炼成的》

线索：

（1）小说的时代背景。

第一部主要以"苏联"的国内战争为背景；第二部主要以经济恢复和社会主义建设为背景。

（2）小说的情节线索。

少年保尔的生活与反抗——战士保尔在战场上奋勇杀敌——建设者保尔的忘我工作——钢铁战士保尔与疾病顽强斗争。

全书的双金字塔：

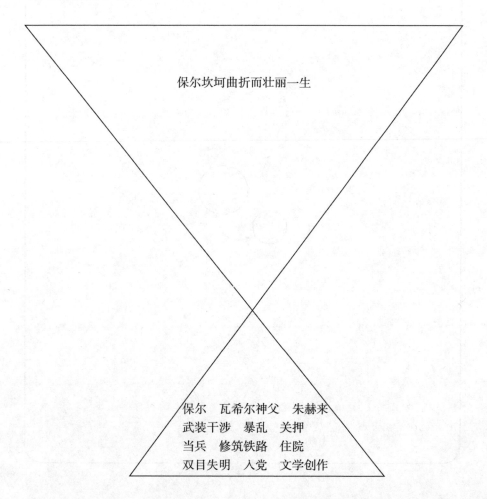

保尔坎坷曲折而壮丽一生

保尔　瓦希尔神父　朱赫来
武装干涉　暴乱　关押
当兵　修筑铁路　住院
双目失明　入党　文学创作

练习1

请大家补充《钢铁是怎样炼成的》的结构天盘：

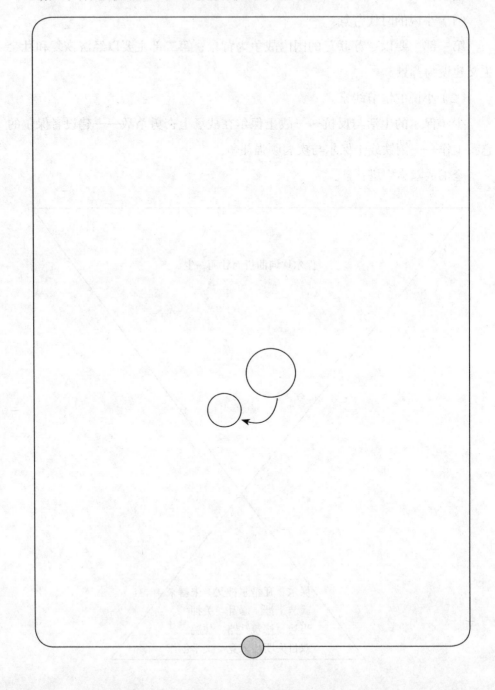

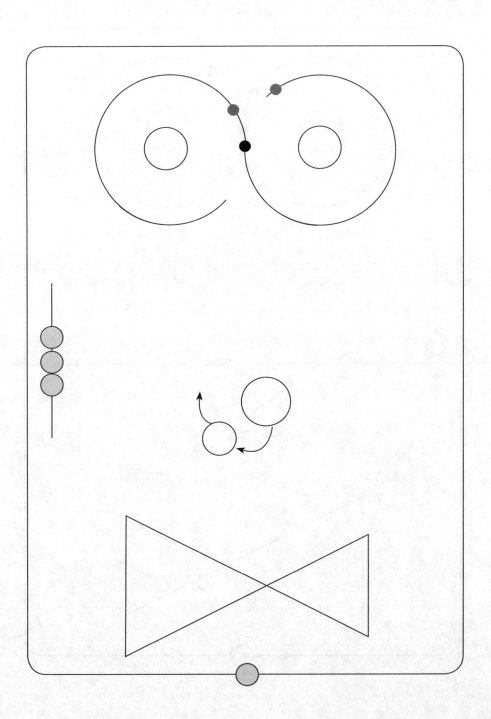

天地尺规学习法在历史学科的妙用

练习2

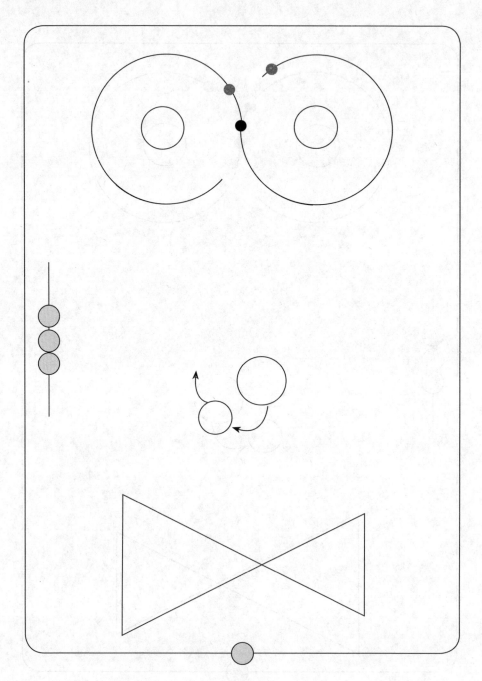

案例三：《飘》

线索：

（1）美国南北战争期间经济状况的改变；

（2）斯嘉丽和瑞特阿希里之间的感情纠葛；

（3）斯嘉丽和塔拉庄园。

全书的双金字塔：

通过斯嘉丽的爱情生活及事业上的奋斗，赞美其一种敢于面对现实，不向命运低头的精神。揭示了主人公自我意识觉醒以及追求自我价值实现的一种精神。

斯嘉丽，
塔拉庄园，
婚姻，儿子，
亚特兰大，查尔斯
姑姑，梅里韦瑟，守寡
生病，斯嘉丽接生，冒险
回塔拉庄园，为食物战斗，弗
兰克，南方投降，拯救培拉，斯嘉
丽的第二次婚姻，经营锯木厂，杰拉尔
德去世，一起回亚特兰大，女儿降生，结婚，
梅兰妮小产去世，瑞特离开。

请大家补充《飘》的结构天盘：

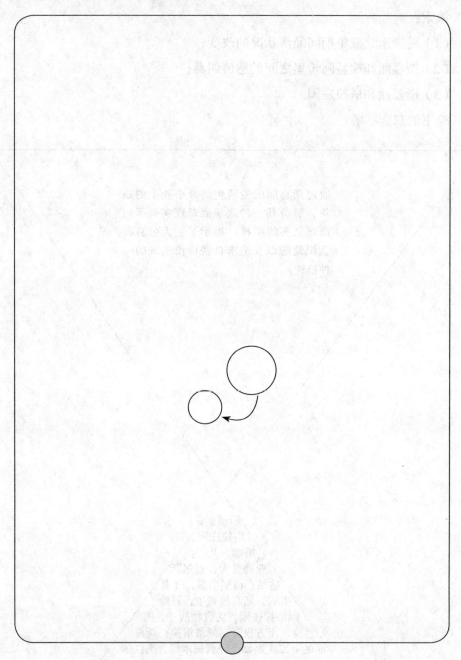

练习

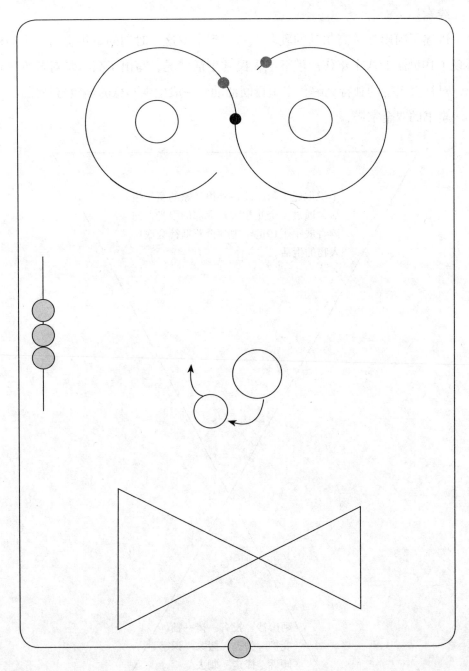

案例四：《童年》

线索：

讲述了阿廖沙（高尔基的乳名）三岁到十岁这一时期的童年生活，生动地再现了19世纪七八十年代沙俄下层人民的生活状况，写出了高尔基对苦难的认识，对社会人生的独特见解，字里行间涌动着一股生生不息的热望与坚强。

全书的双金字塔：

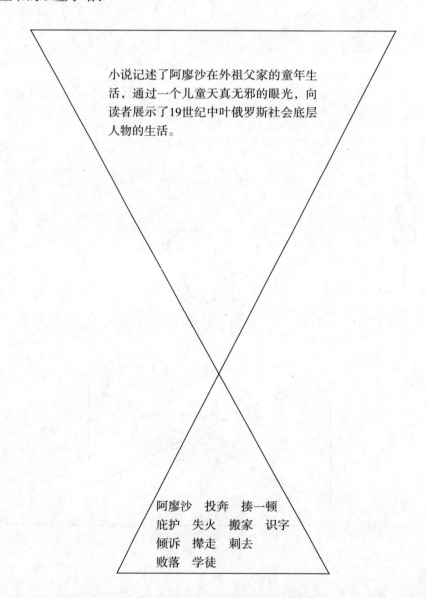

小说记述了阿廖沙在外祖父家的童年生活，通过一个儿童天真无邪的眼光，向读者展示了19世纪中叶俄罗斯社会底层人物的生活。

阿廖沙　投奔　揍一顿
庇护　失火　搬家　识字
倾诉　撵走　刺去
败落　学徒

请大家补充《童年》的结构天盘：

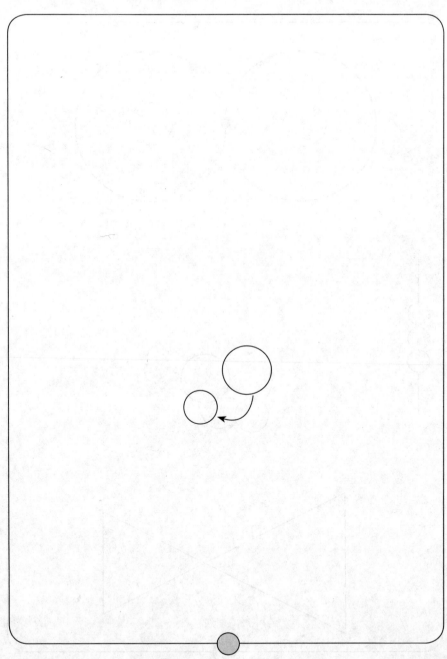

练习1

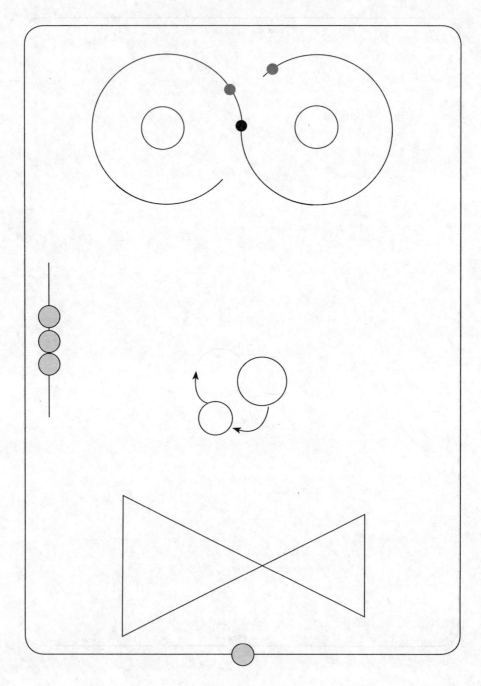

练习2

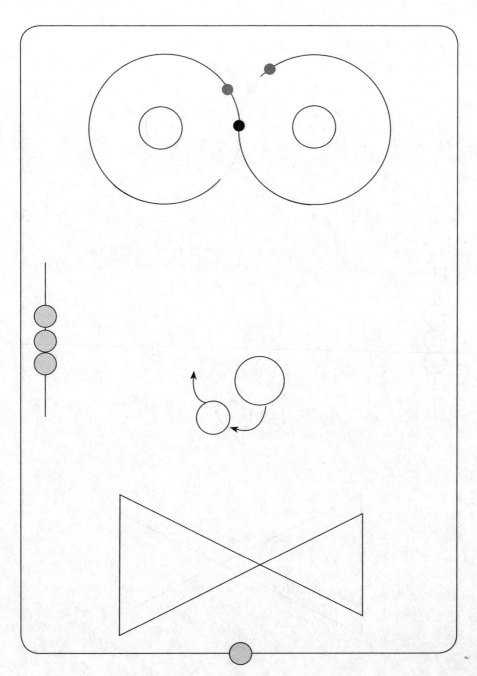

练习3

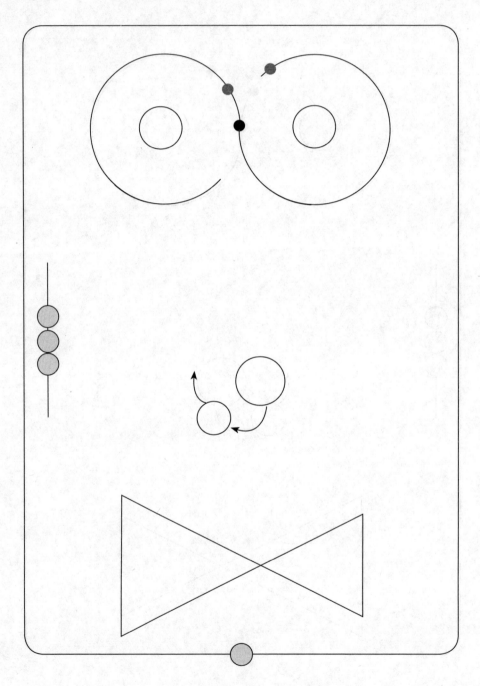

案例五：《鲁滨逊漂流记》

线索：

（1）现实主义回忆录式冒险小说。

（2）以冒险经历为线索的小说。

第一部分写鲁滨逊离家后三次航海的经历，在巴西买了种植庄园。

第二部分是小说的主要部分，写鲁滨逊在一座荒无人烟的海岛上度过了28年孤独时光的经历。

第三部分叙述他从荒岛回来后的事情，主要经历是由陆路从葡萄牙回英国途中遇狼群的经历。

全书的双金字塔：

《鲁滨逊漂流记》一书借主人公流落荒岛却顽强生存下来的经历歌颂了人类顽强的意志力，肯定了人的价值。全书告诉我们：只要人拥有顽强的意志力，就能凭借自身的艰苦奋斗克服困境、征服自然。

鲁滨逊
遨游四海　逃命
航海　奴隶　漂游
庄园　海岛　记日记　种植
捕捉　农业畜牧业　自卫　救俘虏
离开海岛　收租　结婚　离开

请大家补充《鲁滨逊漂流记》的结构天盘：

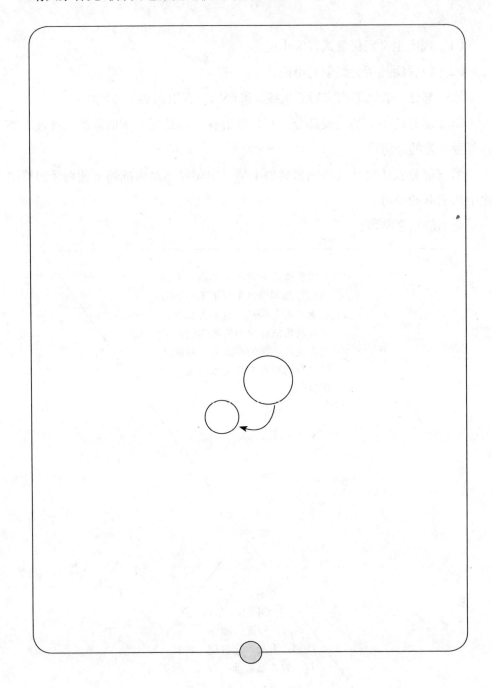

六、尺规读书法练习

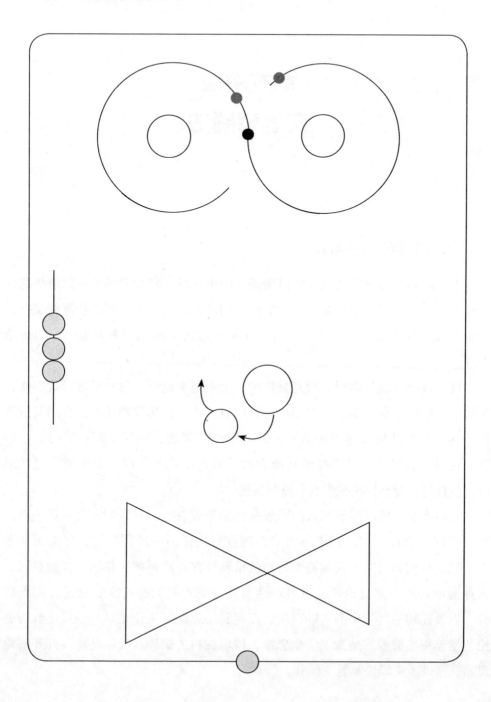

第五模块
尺规解题法

一、尺规解题法简介

为了培养学生时空观念、史料实证、历史解释、唯物史观、家国情怀的历史核心素养，提高学生获取和解读信息、调动和运用知识、描述和阐释事物、论证和探讨问题的能力，从今年开始深圳中考历史增加了新题型——历史论述题。

材料数量一般为两则，所有材料按一个主题来组织。材料呈现形式多样，提取的信息量丰富。要求考生根据材料提取论题，自选答题角度，自圆其说进行论述。答案结构要体现论点、论证、结论三要素，相当于写一篇历史小论文。这种题目集中考核学生学科能力与学科核心素养。因此要求考生激活思维，从材料中能够快速提炼观点进行阐述。

出题者给出的材料五花八门，形式也是千姿百态。学生们在面对新题型，往往出现不会找观点，观点不明确，观点与论证不一致等问题，显得无从下手。那么我们如何拨开云雾提取材料的精髓所在，从而把握住出题者的意图，快速提取观点，充分论证，规范表达拿高分呢？我们经过潜心钻研，深入研究，以及在初三复习中的实际应用，发现利用思维可视化工具——尺规解历史论述题模板能够很好地激发学生思维，提取材料关键词，读懂题意，打开解题思路，帮助考生轻松解题拿高分。

二、尺规解历史论述题模板

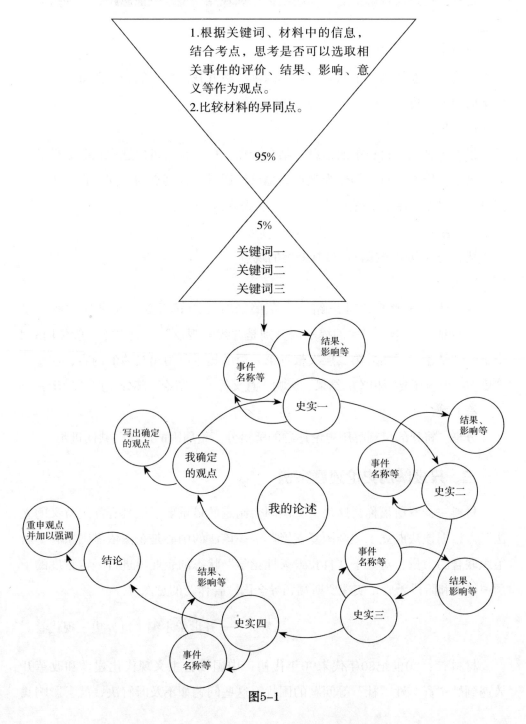

1.根据关键词、材料中的信息，结合考点，思考是否可以选取相关事件的评价、结果、影响、意义等作为观点。
2.比较材料的异同点。

95%

5%

关键词一
关键词二
关键词三

结果、影响等

事件名称等

史实一

写出确定的观点

我确定的观点

结果、影响等

事件名称等

史实二

我的论述

重申观点并加以强调

结论

结果、影响等

事件名称等

史实四

史实三

事件名称等

结果、影响等

事件名称等

图5-1

准备工作：准备笔和草稿纸。

目标：通过尺规解历史论述题模板提炼观点，整理论证思路，从而打开了解题思路。

第一步：

在草稿纸左侧画一个双金字塔；阅读材料并找出材料的若干关键词写在双金字塔的下三角。

第二步：

根据关键词、材料中的信息，结合考点，思考是否可以选取相关事件的评价、结果、影响、意义等作为观点，也可以通过比较观点的异同点提炼观点。把可能的观点写在金字塔上三角，作为备选观点。

第三步：

从备选观点中选择自己最有把握的观点。

第四步：

通过天盘来整理论证思路。在草稿纸右边画好天盘。天盘的主题词是"我的论证"。第一层次的提示语分别是"我的观点""史实（一般备用3-4个）""结论"；然后第二层次根据第一层的提示语写出具体的内容，注意写"史实"内容还要写相关的结果、影响、意义等，"结论"部分注重强调升华。

第五步：

分享。将您的尺规解历史论述题的感悟分享给周围的同学，共同进步。

三、尺规解历史论述题案例

材料一：罗斯福称，这是"美国国会制定的最重要、最具有深远意义的立法"。根据该法成立了"全国复兴署"……该法的中心是企图依靠国家和垄断组织联合的力量，对处于"自我毁灭性竞争"状态的企业界进行一定程度的干预……缓和阶段矛盾，实现罗斯福领导全国"合作"的意图。

——齐世荣主编《世界史·现代卷》

材料二：20世纪80年代末90年代初，中国社会主义现代化建设和改革开放遇到姓"资"姓"社"等问题的困扰。这些问题如不及时解决，就会影响我国改革开放和现代化建设的进程。在这关键时刻，邓小平于1992年初到南方视察。他在视察途中，多次发表谈话强调，党的基本路线要管一百年，动摇不得。要抓住时机，发展自己，关键是发展经济。

——《中国历史》八年级下册

根据材料一、二，就改革的有关问题提取一项信息，结合所学知识对观点进行解释。（要求：观点明确，史论结合）（8分）

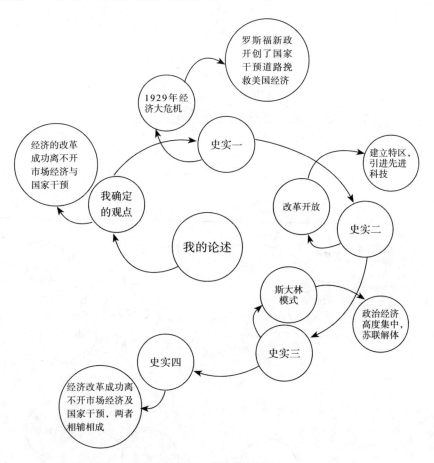

图5-2　学生作品一

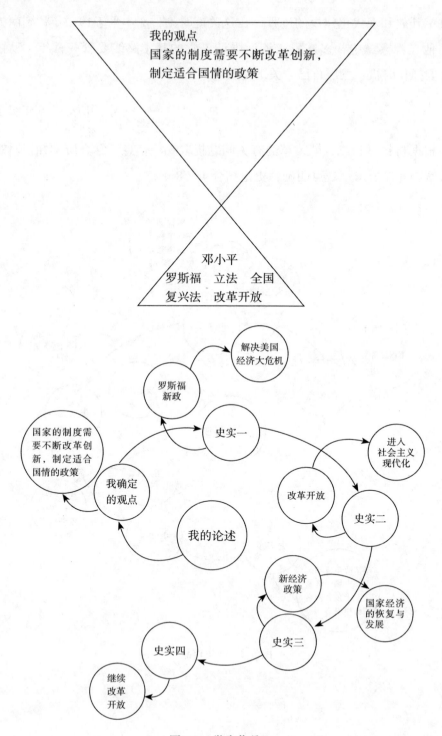

图5-3　学生作品二

四、尺规解历史论述题心得

尺规图让我厘清我的答题思路，让我的思维路径逐渐清晰。

——初三（5）班学员

我通过尺规图发散思维，大脑动起来，根据信息点从不同的发现去提取有效信息，从而找到最佳的信息点。

——初三（5）班学员

我在尺规图的引领下，有步骤地，由浅入深地分析材料含义，让我在混乱无序的材料中找到核心信息点，从而形成了核心观点。

——初三（8）班学员

用了尺规图后，我的论述过程更加的条理化，逻辑性也更加严密了，避免了论述的漏洞。

——初三（6）班学员

尺规图模型让我能够从关键词逐渐发散思维，找到论述的方向，天盘简直就是尺规的绝配，通过两种工具的组合，让我答论述题游刃有余，赞！！

——初三（6）班学员

我觉得尺规图对我提取材料有效信息的帮助非常大，让我打开了思维的大门，找到核心信息，接下来论述就简单了。

——初三（7）班学员

五、尺规解历史论述题练习

练习1

材料一：第二次鸦片战争给清朝统治者们的不仅仅有耻辱，还有警醒，不由得高呼这是"数千年未有之变化"，开始思变自强……洋务派开始创办军事工业，大大缩短了与西方资本主义强国在科技方面的差距。他们创办了为了求富的民用工业，官方创办的民用工业也鼓励了民间资本主义的发展。自强、求富，是洋务运动所提倡的两个方面，而且这一时期的思想也向"师夷长技以自强"过渡，这是中华民族迈向觉醒的第一步。

材料二：《马关条约》的签订消息传到北京，正在参加科举考试的举人，发动了著名的"公车上书"，这是近代知识分子登上历史舞台的初次表现。……维新不仅仅只追求政治的变化，也从教育等方面入手，要求建学校、废科举等……维新派为了宣传自己的思想，还创办了大量的报纸，如《时务报》《湘报》等，这些报纸不仅传播了维新思想，还有利于思想的解放，使近代中国迈出民族觉醒的第一步。

根据材料一、二，就改革的有关问题提取一个论点，结合所学知识对观点进行解释。（要求：观点明确，史论结合）（8分）

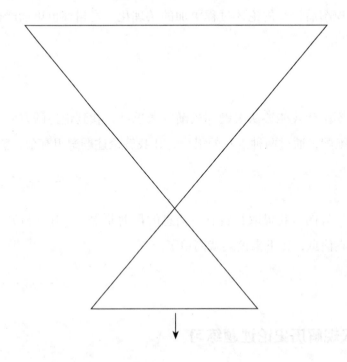

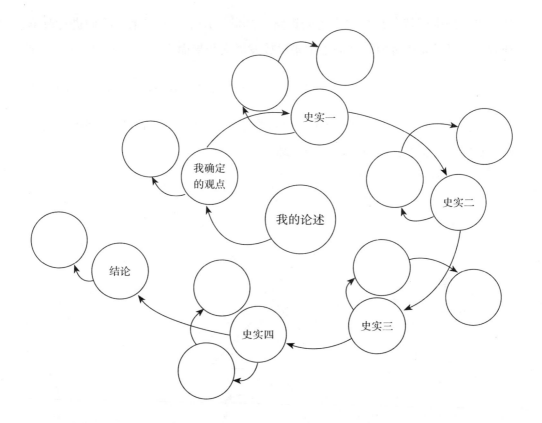

练习2

材料一：新皇帝开始将早先在本国（秦国）取得辉煌成功的法家学说应用到全中国，他废除了所有的封建国家和王国，将广阔的国土划分成若干行政区，每一行政区都配备一批由中央任命并向中央政府负责的官员。

——斯塔夫里阿诺斯《全球通史》

材料二：香港的命运从来同祖国紧密相连。近代以后，由于封建统治腐败、国力衰弱，中华民族陷入深重苦难。19世纪40年代初，区区一万多英国远征军的入侵，竟然迫使有80万军队的清朝政府割地赔款、割让香港岛。鸦片战争之后，中国更是一次次被领土幅员和人口规模都远远不如自己的国家打败，九龙、"新界"也在那个时候被迫离开了祖国怀抱。那时的中国历史，写满了民族的屈辱和人民的悲痛。只有当中国共产党领导中国人民经过艰苦卓绝的奋斗赢得民族独立和解放、建立新中国之后，中国人民才真正站立起来，并探索开辟出一条中国特色社会主义光明道路。20世纪70年代末以来，我们进行改革开放，经过近40年努力，开创了中华民族发展崭新局面。

——习近平在庆祝香港回归祖国20周年大会上的讲话

根据材料一、二，就改革的有关问题提取一个论点，结合所学知识对观点进行解释。（要求：观点明确，史论结合）（8分）

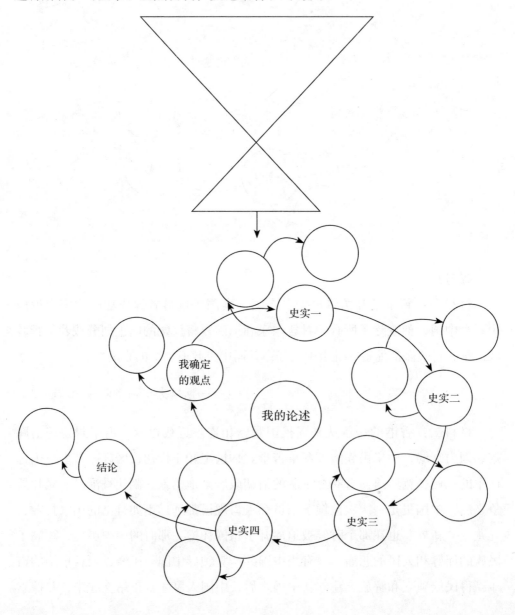

练习3

改革是社会发展的动力，每一个国家、每一个民族要发展进步，就必须与时俱进，敢于创新。阅读材料，回答问题。

材料一：行之十年，秦民大说（悦），道不拾遗，山无盗贼，家给人足。民勇于公战，怯于私斗，乡邑大治。

——《史记·商君列传》

材料二：孝文帝召见群臣说：现在要禁用鲜卑语，统一使用汉语……30岁以下的人和在朝廷做官的人，不得继续使用鲜卑语，明知故犯，就要降职或罢官。

根据材料一、二，就改革的有关问题提取一个论点，结合所学知识对观点进行解释。（要求：观点明确，史论结合）（8分）

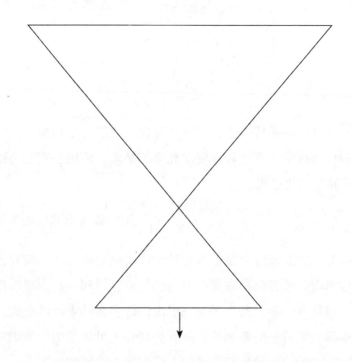

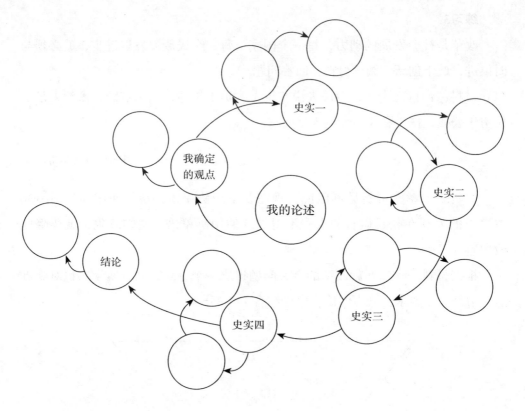

练习4

材料一：20世纪90年代以来，经济全球化趋势进一步加强。经济全球化是社会生产力和科学技术发展的客观要求和必然结果。跨国公司有力地促进了世界经济的发展和全球化进程。

——川教版《世界历史》九年级下册

材料二：美国的波音公司是世界上最大的飞机制造公司。波音公司的总部在美国的西雅图市，波音公司在美国有自己的总装厂和一些主要部件的生产厂和研发中心。但是，一架设备先进的飞机由许许多多的零部件组成，为了能以最低的成本得到质量最好的零部件，波音公司在全世界范围内组织零部件生产厂，如波音757—200的发动机就由英国工厂制造。中国的工厂也为波音飞机生产部分重要配件……

——人教版《世界历史》九年级下册

根据材料一、二，就改革的有关问题提取一个论点，结合所学知识对观点进行解释。（要求：观点明确，史论结合）（8分）

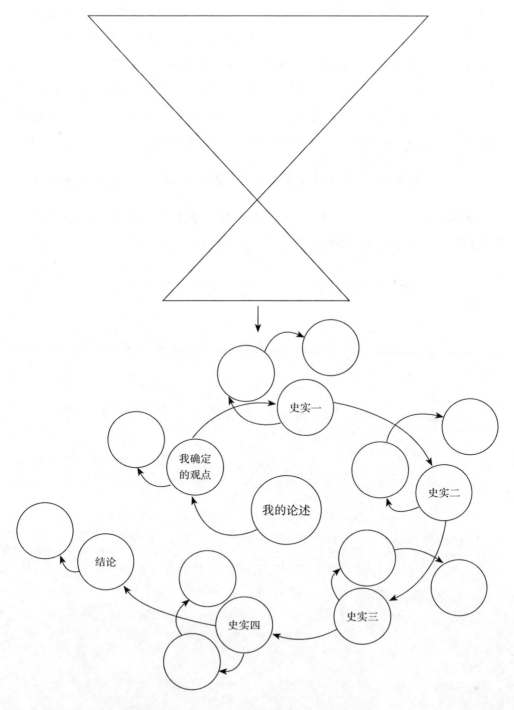

练习5

材料一：在第一次工业革命中，蒸汽机的发明为蒸汽机车的发明提供了必要条件。……贡献最大的是史蒂芬森父子，他们在吸取前人和事先经验教训基础上发明了蒸汽机车，比当时其他同类发明更先进……同瓦特发明蒸汽机的情形相像。……铁路的发明是轮子发明以来，陆上交通最伟大的革命。

材料二：战后科技革命使世界经济政治和国际关系发生了深刻的变化。跨国公司广泛发展，各国经济间的协作和相互依赖关系不断加强，世界经济越来越成为一个整体，世界经济一体化进程进入一个新的阶段。

——余伟民、郑寅达著《现代文明的发展与选择——20世纪的世界史》

根据材料一、二，就改革的有关问题提取一个论点，结合所学知识对观点进行解释。（要求：观点明确，史论结合）（8分）

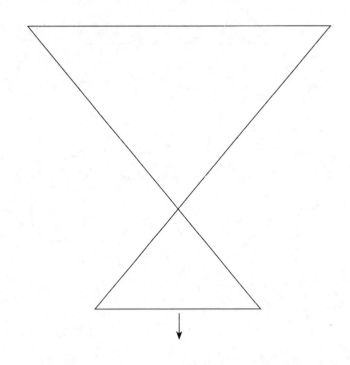

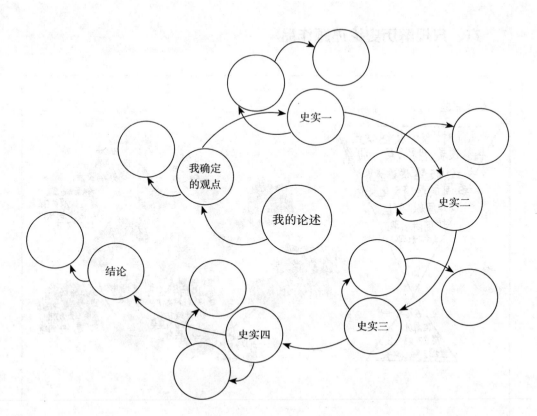

史实一

史实二

我确定
的观点

我的论述

结论

史实三

史实四

六、尺规解历史论述题作品

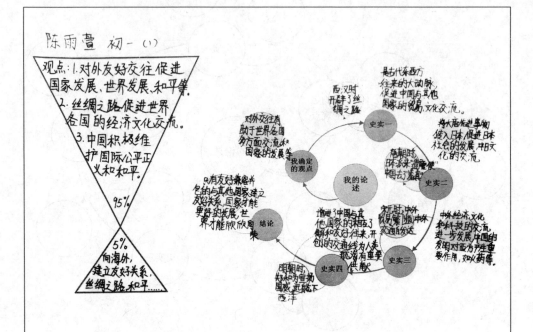

陈雨萱 初一（1）

观点：1.对外友好交往促进国家发展、世界发展、和平等。
2.丝绸之路促进世界各国的经济文化交流。
3.中国积极维护国际公平正义和和平。

95%
5%
向海外、建立友好关系、丝绸之路和平……

请将论述题回答在下面：

论点（2分）：
对外交往有助于世界各国的多方面交流、国家的发展、世界的和平等。
友好

贸易.文化

论证（4分）：
史实一：西汉时开辟了丝绸之路，是古代东西方往来的大动脉，促进了中国与其他国家的交流。
史实二：唐朝时，日本派来"遣唐使"，中国去了鉴真，将大唐的先进技术传入日本，促进日本社会的发展和中日文化的交流。
史实三：宋元时，中外贸易频繁，中外交通的发达，所以中外经济.文化和科技的交流进一步发展，中国的发展对西方产生重要作用，如火药等。
史实四：明朝时，郑和宣扬国威，远航下西洋，增进了中国与其他国家的相互了解和友好交往，开创的交通线为人类航海有重要供献。
对

结论（2分）：
只有友好兼容并包的与其他国家建立友好关系，国家才能更好的发展，世界才可以欣欣向荣。

陈雨萱
初一(1)班

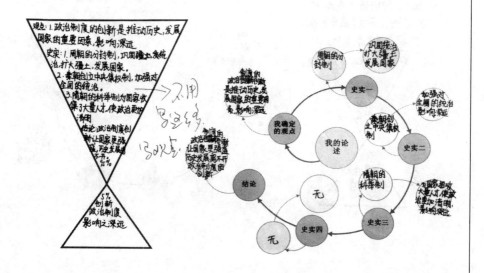

请将论述题回答在下面:

论点(2分): 政治制度的创新是推动历史,发展国家的~~因素~~重要,影响深远

论证(4分):

史实一:周朝的分封制,巩固了统治,发展了国家,扩大了疆土,传用良久。

史实二:秦朝创立的中央集权制,加强对全国的统治,影响深远。

史实三:隋朝的科举制为国家招收大量人才,使政治更加清明,流传久远,推动民族文化发展。

综上所述:观点+所以我们要……

结论(2分): 政治制度的创新对一个国家十分重要,历史和国家的发展都离不开政治制度的创新。我们应该发挥想象,努力为国家政策制度做贡献,推出可实行,可发展国家的制度创新,鼓励制度创新

陈雨萱 初一(1)

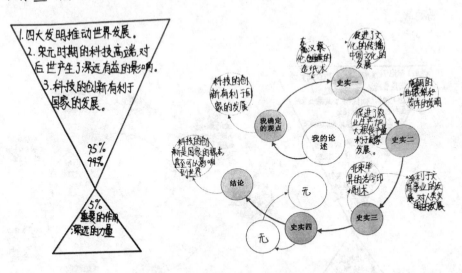

1.四大发明推动世界发展。
2.宋元时期的科技高端,对后世产生了深远有益的影响。
3.科技的创新有利于国家的发展。

95%
99%

5%
重要的作用
深远的力量

请将论述题回答在下面:

论点(2分):科技的创新有利于国家乃至世界的发展。

论证(4分):
史实一:东汉时蔡伦的造纸术,促进了文化的传播,是中国对世界文明的伟大贡献之一。
史实二:唐朝时发明推广的曲辕犁和筒车,促进农业的发展,间接促进经济的繁荣。
史实三:北宋毕昇的活字印刷术,利于文教事业的发展,对人类文明的发展有重大而有益的影响。

结论(2分):科技的创新是国家的根本,好的创新甚至可以影响到世界。所以我们应该鼓励创新,打破常规的去创新科技,努力让国家更好。

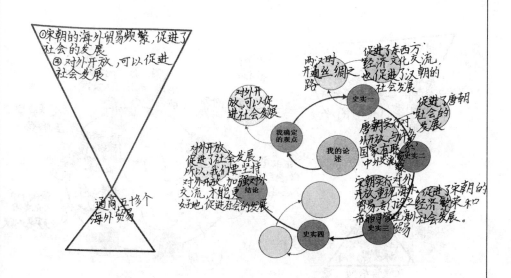

请将论述题回答在下面：

论点（2分）：对外开放，可以促进社会发展 。

论证（4分）：①两汉时，开通丝绸之路，促进了东西方经济文化交流，也促进了汉朝的经济发展，社会发展。
②唐朝实行对外开放，与许多国家有联系，中外交流频繁，促进了唐朝社会的发展。
③宋朝实行了对外开放，重视发展海外贸易，专门设立市舶司管理海外贸易，促进宋朝的社会发展和经济繁荣。

结论（2分）：综上所述，对外开放促进了社会发展，所以，我们要坚持对外开放，加强对外交流，才能更好地促进社会经济的发展。

初-11班

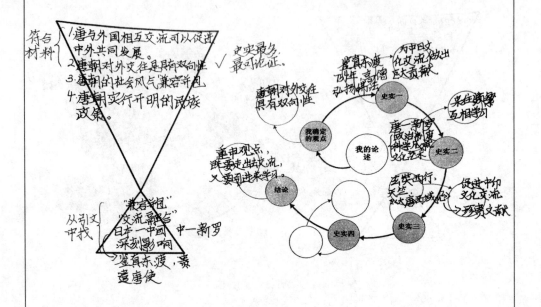

符合材料：
1. 唐与外国相互交流可以促进中外共同发展。
2. 唐朝对外交往是具有双向性。 ✓
3. 唐朝的社会风气兼容并包
4. 唐朝实行开明的民族政策。

史实最多，最可论证。

从引文中找：
"兼容并包"
"交流融合"
日本—中国—新罗 深刻影响
鉴真东渡，遣唐使

请将论述题回答在下面：

论点（2分）：
唐朝对外交流是具有双向性的

论证（4分）：
①高僧鉴真六次东渡日本，弘扬佛法，传播医学天文，书法等。为中日文化交流做出卓越贡献。
②朝鲜半岛上的新罗，学习了中国的政治制度，科学成就；而他们的音乐，舞蹈等也传入中国。
③玄奘高僧西行去往天竺求取佛经，并把路途中所见写成了

结论（2分）：《大唐西域记》一书，玄奘西行促进了中印文化交流，《大唐西域记》也成为研究中外文化交流的珍贵文献。

唐朝对外交往是具有双向性的，在今天，我们国家依然要坚持对外开放，既要走出去交流，也要引进来学习。

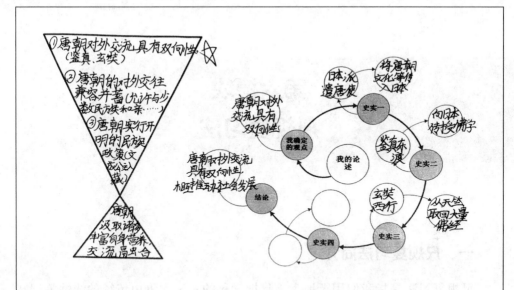

请将论述题回答在下面：

论点（2分）：唐朝的对外交往具有双向性。

论证（4分）：①日本曾多次派遣唐使入唐朝，学习大唐文化并传入日本，很好地推动了日本文化的发展与和睦唐的友好关系。
②鉴真东渡日本，去当地传授佛学，并主持修建了唐招提寺，为中日两国友好关系与日本的宗教，文化发展作出卓越贡献。
③玄奘西行前往天竺取经，在那烂陀寺修学佛学，并带回大量佛经回唐，促进中国佛教事业的发展，为中印两国友好关系作出重要贡献。

结论（2分）：
唐朝对外交往具有双向性不仅对周边国家和地区产生重大影响，同时还促进了唐朝自身的繁荣。

以上为深圳市福田区莲花中学北校区2018级1班陈雨萱同学作品，2020级11班邹宗妤、黎旭彬、马乐琪同学作品，指导老师：王双燕。

第六模块
尺规复习法

一、尺规复习法简介

尺规复习法是指我们用天地盘工具把学科的考试大纲由传统的线性笔记转换成天地盘笔记进行复习的一种方法。一幅复习大纲天地盘，"既见树木，又见森林"。森林指的是整体，树木指的是重点。天地盘笔记呈现出一张学科知识的全景结构图。你通过天地盘可以清晰地看到知识点与知识点之间的关系，这样大大提高了我们对于学科知识的理解力和记忆力。考试复习大纲不仅能加深学生对知识的进一步理解，促进学生对知识的积累和记忆，也能使知识更加系统化，从而便于学生掌握知识之间的相互联系。只有知识系统化，才有利于进一步运用，实现从知识体系到知识技能，再到学习能力的转变，让学生们成为真正的学习者。天地盘考试复习大纲是由单一的知识考点组成的，每个知识考点都是学习阶段中要求必须掌握的基础内容。但是现在的考试越来越向考查综合能力、思维能力的方向发展。所以，我们要在掌握好单一的知识考点的基础上，运用天地盘这种思维可视化的结构形式，将知识考点之间的内在联系理清楚，把握知识考点之间的逻辑连接和体系结构，做到"由点及面"地学习，能够将所学的知识完全掌握，随时提取，灵活应用。

在历史复习中经常需要大量的历史知识点记忆，因此我们还可以运用尺规工具掌握一种新型高效的记忆法——尺规记忆法。

尺规记忆法是利用双金字塔、全系统思维盘以及规律转化器的工具进行快速记忆的一种方法。

尺规记忆法的原理之一为联想记忆法。即将要记忆的内容与已知，已记住的内容联想起来的一种方法。联想记忆法认为，由于客观事物是相互联系的，各种知识也是相互联系的，因而在思维中，联想是一种基本的思维形式，是记忆的一种方法。联想，就是当人脑接受某一刺激时，浮现出与该刺激有关的事物形象的心理过程。一般来说，互相接近的事物、相反的事物、相似的事物之间容易产生联想。用联想来增强记忆是一种很常用的方法。记忆的一种主要机能就是在有关经验中建立联系，思维中的联想越活跃，经验的联系就越牢固。美国著名的记忆术专家哈利·洛雷因说："记忆的基本法则是把新的信息联想于已知事物。"联想记忆是一种高效科学的短期记忆方法，尺规记忆法就巧妙地利用双金字塔，全系统思维盘以及规律转化器工具辅助联想记忆，快速记忆，帮助我们由短时记忆跃升到长期记忆的思维工具。

尺规记忆法的原理之二为定桩法。即把我们需要记忆的信息与已经牢记的一些有着清晰顺序的桩子按顺序联结起来的方法。定桩法的作用就相当于在自己的大脑中创建了许多分类整理好的记忆文件夹。当我们需要记忆大量信息，而这些信息又需要快速有条理地提取的时候，我们就通过定桩法，在记忆的时候就把这些信息放到同一类或者同一系列的记忆文件夹中，把它们非常有规律地放好。而当我们需要提取的时候，就可以把这个相应的文件夹拿出来，里面就包含了我们所需要的所有资料，或者含有我们所需要的小一些的文件夹，我们所需要的资料都在里面摆放得非常整齐，一个资料都不会丢、不会乱。定桩法因为具备这个记忆文件夹的功能，所以不但在进行记忆的时候能够同时记忆大量的资料而不会混乱，而对这些资料进行提取的时候，又能够非常快速、非常准确，并且非常完整地提取出来。

尺规记忆法的操作步骤：

在操作的时候，首先拿出一张纸，在纸的左侧画出双金字塔，下方列出需要记住的内容要点，其次我们确定一组熟悉的事物，事物的数量要与需要记忆内容的数量保持一致，这一组熟悉的事物可以称之为"桩"，意思是像桩一样稳固不变，我们需要将记忆的内容拴在"桩"上，再次就是编码，将需要记忆的内容与熟悉的事物联系起来形成一个画面，这样就有了比较清晰的记忆。联系的方式越夸张、越离奇，记忆的效果就越好，最后我们需要用到规律转换器将记忆内容从短期记忆转化为长期记忆。规律转换器使我们的知识有更深层次的联系，帮助我们将需要记忆的内容真正地进入我们知识的海洋，成为我们长期记忆的一部分，因此尺规记忆法是一种智慧的记忆法，也体现了云思维的妙用。

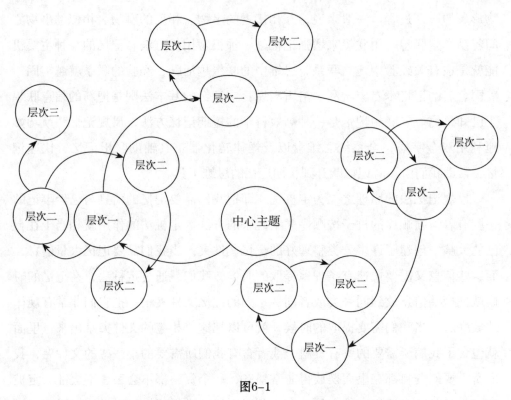

图6-1

二、尺规复习法模板

准备工作：准备笔和草稿纸。

目标：通过天地盘高效地把分散的知识点连成线、结成网，使知识能够有机地融合在一起，更加系统化、规律化、整合化，在大脑中形成一张知识的"导航图"。从而减轻复习的负荷，提高复习效率。

第一步：通读复习大纲内容，运用整体性思维，将大纲中给出的信息进行归类整合，在脑中呈现整体框架构思。然后根据大纲标题的层级将关键知识点初步分层归类，确定天地盘的层次。

第二步：确定中心主题词，逐一提炼好每个部分的关键词。

第三步：根据大纲的层次以及内容设计好天地盘。

第四步：把关键词嵌进天地盘工具。使得关键词之间的层次关系、逻辑关系梳理清楚并展现出来。

第五步：为整幅天地盘上颜色，每个层次上一种颜色。在上颜色的过程中可以对考点信息进行再次重温复习，加深印象。

第六步：分享。将您的尺规复习法的感悟分享给周围的同学，共同进步。

以七上第一单元《史前时代：中国境内人类活动》为例。七上第一单元《史前时代：中国境内人类活动》内容比较繁杂。学生初步接触历史学科，对历史事件的时空观，以及层级感都比较混乱，历史学习不得要领，提不起历史学习的兴趣。笔者尝试引入天地学习法帮助学生掌握本单元重难点知识，在突破学生认知障碍，引导学生有效思考复习上取得了很好的效果。本课按照以下四个步骤逐步推进，达成本课教学目标。

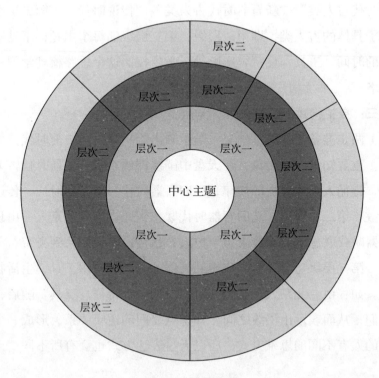

图6-2　地盘工具

步骤一：提炼关键词，明确目标

从课题入手，将"史前时代古人类"确定为主题词，并让学生以此进行层级发散思维，延伸出不同层级知识点。随之引入本课需要学生掌握的重难点问题：旧石器时代古人类、新石器时代古人类、传说时代古人类。让学生明确本课的教学目标：

1. 知识与能力：帮助学生学会用天地学习法梳理历史发展脉络，培养历史思维能力。

2. 过程与方法：利用天地学习法梳理第一单元《史前时代：中国境内人类活动》的思路，抓住单元知识重点，厘清知识的脉络。

3. 情感态度与价值观：让学生能利用天地学习法梳理知识，锻炼学生的可视化思维意识和能力，初步培养学生历史时空观和唯物史观。

步骤二：收集信息，梳理脉络

本课的主题是"史前中国境内古人类"，该主题的第二层级主题词包括"旧石器时代古人类""新石器时代古人类""传说时代"；第二层级每个主题词下辖了具体的古人类，即第三层级，第三层级的每个主题词下辖了古人类具体出现的时间、工具、住行、影响等。学生按照这个思路梳理学习主线、疏通学习脉络。

步骤三：自主构建，画出天盘

在以上两步准备工作的基础上，学生画出第一单元《史前时代：中国境内人类活动》重要知识点的天盘，在天盘中围绕课题，将"史前时代古人类"作为关键词，遵循人类发展史的规律，以旧石器时代、新石器时代、传说时代进行思维发散（第二层级）：从旧石器时代联想到元谋人、北京人、山顶洞人；又从新石器时代联想到河姆渡人、半坡人；从传说时代联系到炎帝、黄帝（第三层级）。第三层级每个关键词联想到具体的时间、使用工具、生活状况等具体知识点。如：由"北京人"联想到时间、地点、特征、工具。随后，用天盘来连接它们，从而表示出层级之间、知识点之间的逻辑关系，形成一个螺旋状图。不同的人有不同的思维方式，所以天盘表达方式也会有所不同。天盘示例见图6-3：

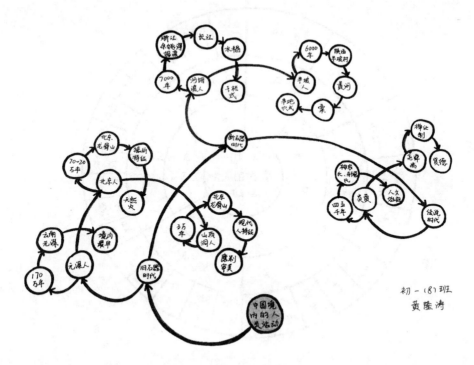

图6-3　天盘示例

步骤四：知识延展，拓宽思维

通过上述天盘的绘制，学生已经对《史前时代：中国境内人类活动》有了系统性复习。在此基础上，教师可以引导用地盘来描绘这个单元，让学生学以致用作为思维拓展训练。

地盘示例见图6-4。

学生在老师的指导下，熟练地利用天地学习法梳理了本单元的知识要点。能够根据天地盘很好地口述了本节课的知识结构，达成了课程目标。同学不但读懂了单元的脉络与结构，而且通过课堂检测的评价，他们都比较理想地掌握了本单元的知识要点。过程有趣，结果喜人。

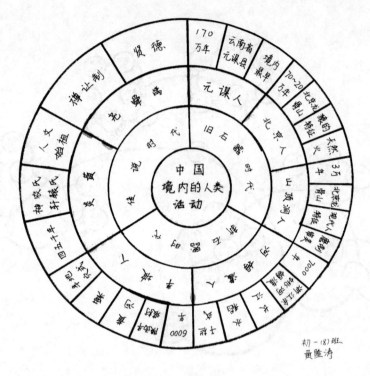

初—(8)班
黄隆涛

图6-4　地盘示例

三、尺规复习法案例

以部编版历史七上第四单元内容"三国两晋南北朝时期：政权分立与民族交融"的提纲为例，用天地学习法进行梳理复习。

第四单元：三国两晋南北朝时期：政权分立与民族交融

第16课　三国鼎立

一、东汉末年：官渡之战、赤壁之战

名称	时间	交战双方	结果（影响）
官渡之战	200年	曹操——袁绍	曹操以少胜多（为曹操统一北方打下基础）
赤壁之战	208年	曹操——孙刘联军	孙刘联军以少胜多（为三国鼎立局面的形成奠定基础）

二、三国鼎立局面的形成

国别	建立者	都城	建立时间
魏	曹丕	洛阳	220年
蜀	刘备	成都	221年
吴	孙权	建业	222年

第17、18、19课　西晋、东晋以及江南地区的开发、北方民族大交融

一、晋朝

1. 晋朝的兴亡

朝代	建立者	都城	建立时间	灭亡时间
西晋	司马炎	洛阳	266年	316年
东晋	司马睿	建康	317年	420年

2. 西晋的衰亡（三国灭亡顺序：蜀、魏、吴）

（1）北方游牧民族内迁（五胡内迁：匈奴、鲜卑、羯、氐、羌）促进了我国北方各民族的交融；

（2）西晋时，爆发了"八王之乱"，形成了我国古代历史上第一次大规模的人口迁徙高潮；

（3）公元316年，内迁匈奴人的一支武装力量灭亡了西晋。

二、淝水之战

1. 形势：

（1）南方：司马睿重建晋朝，都城在建康，史称"东晋"。

（2）北方：氐族人苻坚建立的前秦政权强大起来，统一了黄河流域。

2. 时间：公元383年作战双方：前秦VS东晋　结果：东晋以少胜多，大败前秦。

3. 影响：前秦统治瓦解，北方重新陷入割据混战状态，东晋取得暂时稳定，为经济发展提供了有利条件。

三、北魏孝文帝改革

1. 时间：439年，鲜卑族建立的北魏政权统一了北方，结束了十六国以来分

裂割据的局面。

2. 北魏孝文帝改革（特点：汉化改革）。

内容：①说汉话 ②穿汉服 ③改汉姓 ④联汉姻 ⑤用汉制

3. 孝文帝改革的作用：促进了民族融合，也增强了北魏的实力。

第20课　魏晋南北朝的科技与文化

一、承上启下的魏晋南北朝文化

类别	朝代	人物	著作或成就	贡献
农学	北朝	贾思勰	《齐民要术》	我国现存的第一部完整的农书
数学	南朝	祖冲之	圆周率《缀术》《大明历》等	世界上第一次把圆周率的数值计算到小数点以后的第七位数字，领先世界一千年
书法	曹魏	钟繇	楷书《宣示表》	
	东晋	王羲之	《兰亭集序》	写出的字"飘若浮云，矫若惊龙"，《兰亭集序》有"天下第一行书"的美誉，王羲之被后人称为"书圣"
绘画	东晋	顾恺之	《女史箴图》《洛神赋图》	
雕刻	北朝			山西大同的云冈石窟 河南洛阳的龙门石窟
地理	北魏	郦道元	《水经注》	一部综合性的地理学专著

二、下面，我们把该单元内容通过天地盘高效地把分散的知识点连成线，结成网

完成的天盘如图6-5所示：

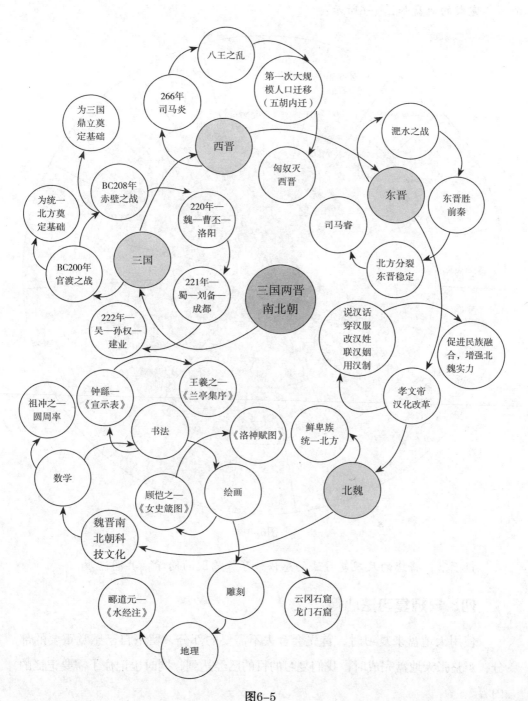

图6-5

完成的地盘如图6-6所示：

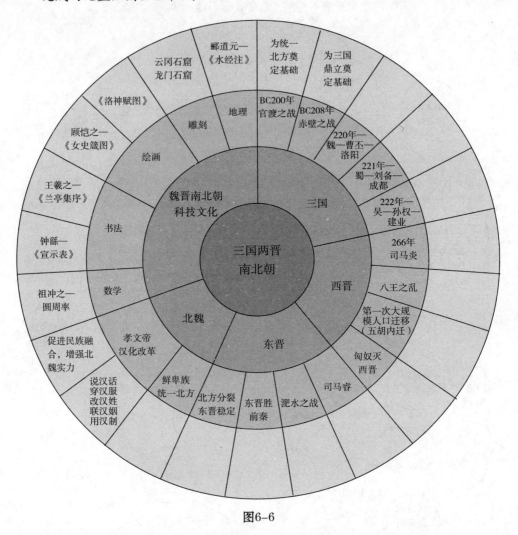

图6-6

接下来，将您的尺规复习法的感悟分享给周围的同学，共同进步。

四、尺规复习法心得

使用天地盘来复习时，首先会舍去不需要的部分，留下自己感觉重要的部分，当整张天地盘完成时，我们复习的目的已经达到，同时也记住了需要记忆的内容。

——学生一

天地盘中强调"图像思维"，就像我们平常看图画时的思维，全面地、整体地、联系地去看、去思考、去想象，激发想象思维。

——学生二

开始学习天地盘绘制后，我每次绘制的感悟都会把心得体会记录下来，输出倒逼自己进行更多的思考。同时在每次导图构思、逻辑布局上也有更多的思考，提升了自己的思考力。

——学生三

在绘制天地盘时，本身也是在对知识进行再加工。因为天地盘是以"画"的形式来记录，运用了大量色彩、图像、关键词，需要调动更多的感官，增加学习过程的趣味，刺激左右脑之间的神经联结，锻炼大脑的想象力和创造力！

——学生四

天地盘的结构是中心主题向外延伸主题分支，每个主题分支再向外延伸出子主题，锻炼了我的结构化思考的能力，更加容易抓住事物的重点、要点。

——学生五

我在制作天地盘过程中，需要对内容进行重复阅读、主动思考，才可以从中提取出最合适的关键词，让我由原来抄写、被动机械式记忆的学习方式转变为主动学习，从而加深了对学习内容的理解和记忆。

——学生六

天地盘利用图像和颜色，这样可以把所学到的知识在脑海中做可视化思考、存储，我可以快速回忆，增强了记忆力。

——学生七

我根据实际需要，可以在一张天地盘上来记录一节课，一周所学内容，乃至一本书的内容，这样节省了很多重复记忆的时间，而且我对所学的内容进行整体把握。

——学生八

五、尺规复习法练习

请大家尝试把以下内容画成天地盘。

战国时期的社会变化

一、战国七雄

1. 战国初年，晋国卿大夫赵、魏、韩三家，瓜分晋国，史称三家分晋，齐国则被田氏取代。

2. 战国七雄：齐、楚、秦、燕、赵、魏、韩

（东南西北到中间）

3. 战国时期著名战役及有关成语：

桂陵之战（围魏救赵）

马陵之战（减灶之计）

长平之战（纸上谈兵）

二、商鞅变法

1. 背景：铁农具和牛耕的使用和推广；新兴地主阶级为了确立封建统治，发展经济，以求富国强兵，在兼并战争中取胜。

2. 时间：公元前356年　支持者：秦孝公。

3. 商鞅变法的内容：

政治：

（1）建立县制，由国君直接派官吏治理。

（2）废除贵族的世袭特权。

（3）改革户籍制度，加强对人民的管理。

（4）严明法度，禁止私斗。

经济：

（1）废除井田制，允许土地自由买卖。

（2）奖励耕织，生产粮食、布帛多的人可免除徭役。

（3）统一度量衡。

军事：奖励军功，对有军功者授予爵位并赏赐土地。

4. 商鞅变法的作用：

（1）使秦国的国力大为增强，提高了军队的战斗力，一跃成为最强盛的诸侯国；

（2）为以后秦统一全国奠定了基础。

六、学生部分天地盘复习作品案例

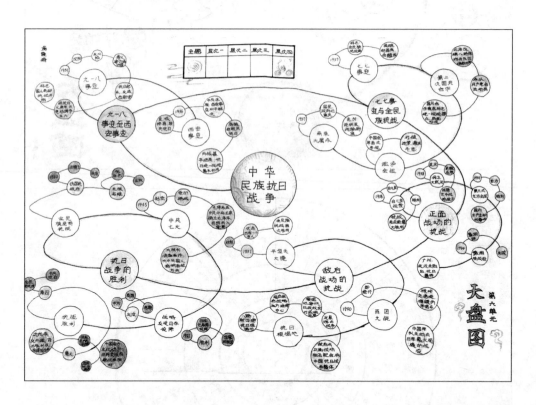

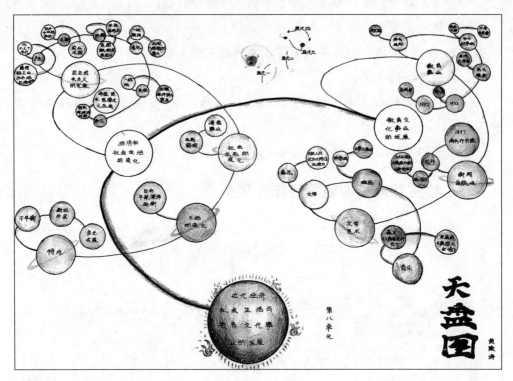

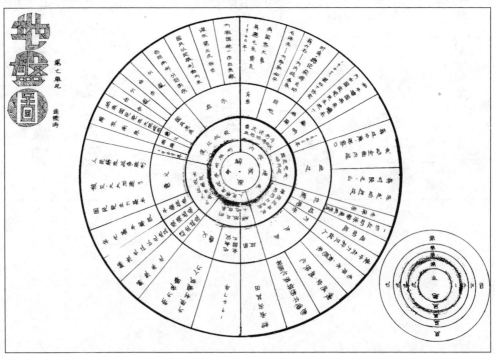

128

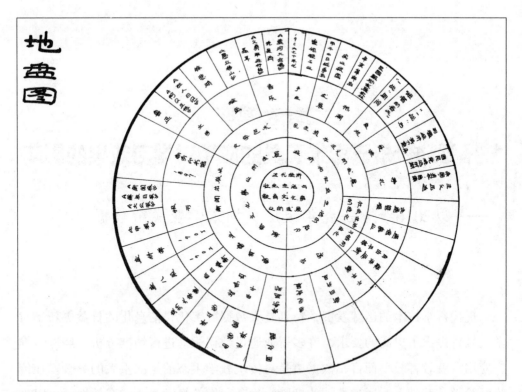

图6-7　学生作品呈现

第七模块
数据驱动分析云思维工具的应用对学习效果的影响

——以2016级七—九年级历史期末学业成绩数据为样本

现代科学技术的迅猛发展，特别是大数据数字化，信息化的日益更新，对学校教育提出了更高的要求，许多行业通过数据驱动进行精准分析已经逐步推广应用。就教育教学而言，数据更是对传统教学生态的一次重大的突破。在传统经验教学基础上，通过数据的把脉，诊断我们的教学方式的有效性，可以克服"唯经验论"。从而调整教学结构，优化教学流程，提升教学质量。

云思维工具作为"互联网+"背景下的一种全新的学习工具，是对传统教学手段的全新突破，能够有效地提高学生的学习成绩，因此将该学习工具引到所任教的三个班级的教学中。目前为止已经应用了将近三年。一轮教学循环过去了，那么实际上该学习法对提高历史学习效果有无帮助呢？我采集了近三年来代表性的历史期末学业水平考试的成绩数据为样本，用数据驱动的方式分析探讨"云思维工具对学习效果的影响"。

我把本人任教的3个班作为实验班，并在初一下学期引进了云思维学习工具进行历史教学，其他老师任教的7个班级为对照班，采用常规教学方法。我利用信息化手段将实验班级与对照班级近三年来学习成绩数据进行汇总，多维度对数据进行加工，大数据追踪变化轨迹，深分析形成结论，从而探究云思维工具对学习效果的影响。

一、分析预设

新时代催生新使命，新使命呼唤新思维，在"互联网+"的时代，云思维学习工具应运而生，该学习工具能够帮助学生收敛身心，聚焦思维，将繁杂历史知识条理化、简洁化、高效化、趣味化，从而减轻学生学习负担，提高学习效率，增强学习效果，因此笔者认为云思维工具能够帮助学生取得更好的学习效果。

二、分析材料

（一）分析预备

（1）为保证样本个体的一致性，去掉存在缺考情况的个体。

（2）导出10个班的七上、七下、八下、中考的个人成绩。班级平均分、高分率、合格率、不合格率等数据。

（二）分析思路

将七上、七下、八下还有中考成绩，共4组成绩，整理A+、A、B+、B、C的比例的变化，还有平均分的排位情况，等等。观察实验班级与对照班级的成绩变化，从而分析学习效果。

三、数据结论

四次测试的数据显示，无论是教学过程还是实验结果，实验组的学习效果都优于对照班的学习效果，因此"云思维学习工具能够更有效地提升学习效果"的预设是成立的。由此整个数据驱动的教学质量分析完成。本次实验完全是遵循教学数据的"采集—分析—探究—结论"的严密流程，最后的结论是依据之前的一系列数据得出，是一个很客观精准的教学探讨实验。整个过程我们很好地发现数据驱动研究体现云思维工具有以下优点。

（一）指导性

传统的教学生态中，经验主义起了重要作用。尤其是资深老师对个人的经验就更加自信。丰富的经验确实可以把脉教师的教学行为与学生的学习行为，进行高质量的教学。但"经验主义"也存在一定的局限性，如果偏好于一成不变经验主义，在当今知识的更新日新月异，新的教学方式不断涌现，先进教学工具也层出不穷的互联网时代，教师往往会很快落后于时代的发展。云思维工具是近年来才涌现的新型的思维可视化工具。很多学校才刚刚小心翼翼地尝试，对于实施的效果尚且心有顾虑。但是令人欣喜的是，当今大数据与互联网的结合能够让我们对云思维工具的效果分析更细粒化，从而更加精准地使用云思维工具应用于教学。另外，从考试分析的角度，传统的方式只能大概统计，根据我们的印象分析得失分情况，但是数据驱动的方式我们可以精准到一小题的准确率、失分率、误差率，与其他班级乃至学习群体相比分差等，大大提高我们分析的精准度，明确我们下一步的教学焦点和方向。

（二）甄别性

当今全国各地各所学校的教育改革如火如荼，先进的教学工具也层出不穷。云思维工具也多种多样，如思维导图、结构图、鱼骨图等等，但是具体到我们个人，如何甄别教学方式与教学工具的适用性与有效性呢？数据分析就能够给我们很好的参考。如本人在实践使用云思维工具的过程中就是在吸取借鉴新颖的教改方式教学工具过程，通过数据分析教学效果的差异性，从而甄别出恰当的教学工具以及教学方法为我所用，摒除无效的方式与工具，防止教学质量偏移平稳进步的轨道。最终在经验教学与新型教学之间取得新的平衡，提升教学质量。从以上的教学实验的事实证明，云思维工具是很适合初中历史教与学，能够很好地提升学生的学业水平，是能够经受事实的考验的，从而进一步坚定了我们使用云思维工具用于教学的信心与决心。对年轻的教师而言，教学数据的分析还可以指导他们发现教学经验不足，为下一步的教学指明方向，提高教学效率，促进专业成长。

（三）精准性

数据是最真实的。原始客观的数据是对学生真实学习过程及结果的精准反映，就本次实验数据来说，老师数据采集覆盖实验样本的每个个体，采集颗粒度很细，数据可以精确甄别每个孩子的知识技能掌握情况。也可以从数据中精准详细反映孩子对云思维工具的掌握情况，那么孩子的掌握程度究竟是孩子的投入程度问题呢？还是工具本身的某些局限性？我们就可以有针对性精准地思考完善。另外在平时教学中通过多维度的数据还可以全面反映孩子在云思维学习工具指导下的历史学习状况，教师根据数据既可以反映孩子学习的漏洞和不足，也可以彰显孩子的优点与特长。

（四）智能性

由于受到技术和其他因素的制约，传统思维工具主要依靠人工手动，手绘云思维工具可以创造出属于自己的独特风格，更有利于发散大脑的思维，而且只需要一张纸一支笔就可以了。可是，手绘的缺点也很明显，手绘云思维学习工具需要大量的时间来练习，并且不利于传播，而相比之下用软件来绘制云思维学习工具的话，不需要太多的绘画天赋，而且速度快、效率高，可以很清晰地向别人表达出自己的观点。储存的信息量大，不受纸张大小的限制，便于分享展示，相当智能化。电脑绘制云思维学习工具的优势有：

1. 便于学习，利于修改

计算机云思维学习工具制作和我们平常做手绘的普通的云思维学习工具一模一样，我们可以加上主要的课题和分支，每根主支都能在计算机里简单地辨识为一个关键词输入。一旦生成完毕之后，我们还可以重新进行修改，各分支可以重新定位，重新着色、拷贝、移动，甚至可以按要求将整个结构重新组织起来。每一单个因素或者子分支包括分支本身都可以挑出来移动至本云思维学习工具的任何部分。在计算机里面的色彩选择要远远大于我们手绘的色彩种类，各种图片的选择也为我们提供了很大的空间，对于导图的美观和关联性起到了很大的促进作用。特别是对于一些初学者而言，在对于导图的规则和画画的形式把握得不是很好的情况下，使用计算机有助于规范他们的行为，提升他们绘图的积极性。

2. 范围更广，深度更深

计算机的放大及缩小功能允许云思维学习工具放大到非常大的幅面。如果是用纸和笔来画，就只好在更大一些的纸上重新来过，或者在另一张纸上接着画。因为有了新的计算机技术，云思维学习工具可以在计算机上以数十个层次进行。在更远一些的层次上，有些有细部的分支更难看清。计算机可以用放大缩小的功能很快地解决这个问题，它可以立即放大或者缩小任何指定的区域。如果需要看到更详细的细节，缩放功能可以调用放大功能放大。

3. 成本更低，便于传播

传统的云思维学习工具绘制中需要大量的纸和笔才能够完成，从成本上来讲是非常高的，当有了计算机之后，在计算机上绘图基本上是零成本的状态，并且在计算机上绘图完毕后我们可以在互联网上广泛地传播，同时如果需要，我们也可以打印出来进行分发，这个是手绘无法比拟的。另外就是计算机绘图之后我们可以与其他的文件形式进行很好的结合，我们可以生成各种格式，图片、文本、动画等，可以进行多次的利用。

四、相关应用

基于数据驱动的以上特质，我认为通过数据驱动分析，云思维工具确实可以在以下几个方面应用，有助于提升教学质量。

1. 云思维工具的使用挖掘学生的学习潜力

不同班级的班情不一样，学生的多元智能的差异，表现出来的历史素养必然有所差异，我们可以通过指导学生不同云思维工具在历史学习中的使用，根据数据观察学生掌握知识的程度。如有的学生喜欢画天盘，有的学生喜欢画地盘，有的学生喜欢尺规编歌写诗等，从而了解不同班级学生的学习水平、学习偏好、学习需求等。结合"最近发展区"理论为老师制订不同班级的个性化的云思维工具教学方案提供了参考，提供与班情、学力相符合的云思维工具教学设计，制订相对应的教学目标。尽量保护每个孩子学习的信心，激发每个孩子的上进心。传统意义上的经验教学是无法做到这点的。

2. 云思维工具优化教师的教学方式

教学方式的优劣会直接影响教学结果的好坏。传统的教学方式中，不同班情的教学方式是一样的。这种缺乏区分度的教学策略往往导致基础差的班级跟不上，也容易使基础扎实的班级"吃不饱"，不同类型的班级的学习效果往往达不到应有的最佳水平。那么如果能够通过云思维工具的使用发挥每个学生的历史学习潜质，为每个学生打制一套适合自己的历史学习的云思维工具，做到"一人一尺规、一人一模板"，最大限度地激发学生学习历史的激情，另外也帮助老师不断优化教学策略，促进教学过程科学化、个性化，增强不同基础学生对知识的理解力与吸收力。让老师能够在最短时间内高效完成教学任务；在课外作业删减低质、低效的题型，为学生布置少而精的作业，既减少不必要的学业负荷，更增加了师生教与学的效果。

另外，在使用云思维工具的过程中，我们通过教学数据分析总结进行诊断云思维学习工具的教学效果，分析教学方式与云思维学习工具的匹配度，从而调整教学行为，优化教学方式。

3. 云思维学习工具还可以评估学生的掌握水平

教学质量的效果离不开教学评估，在教学过程中，我们有必要定时检测学生对知识的掌握情况，历史教学中，我们提倡采取"老师定内容、学生选模板、师生共合作"的方式了解学生对历史知识的掌握程度。对于检测的结果，我们通过汇总数据分析学生各项知识指标的达成情况。全面客观地对学生知识掌握情况进行阶段性总结，让学生对个人阶段学习有清醒的认识，也为教师下一阶段采用云思维工具精确教学提供参考。

总之，云思维工具以其特有的专业性以及科学性，转变了师生教与学的方式，很好地满足当今时代学生全面发展、个性发展的需求性，必将在教育领域发挥越来越重要的作用。我们教师也要具备云思维学习工具的使用技能，提升我们的教学智慧。